Feine

Saucen

Lucas Rosenblatt

Küche

Herzlichen Dank
Kuhn Rikon hat uns für das Fotoshooting Kochtöpfe aus der Line «Hotpan»,
WMF Schweiz AG Küchengeräte, Kenwood Swiss AG Küchenmaschinen und
Medion Handels GmbH (Graziano Vogel) Accessoires zur Verfügung gestellt.

Meiner Tochter Nadine danke ich für die textliche Mitarbeit.

Verantwortlich für das Lektorat
Léonie Haefeli-Schmid
Konzept und Grafik
Daniela Friedli Dossenbach, FonaGrafik
Bilder
Jules Moser, Bern
Rezeptbilder: aus den Titeln Rosenblatt – Öpfel-Chochbuech (Seiten 121,
132, 134, 248, 249, Fotograf Andreas Thumm), Rosenblatt/Christandl – Blattsalate
(Seiten 174, 176, 178, 181, Fotografen König & König), Notter/Rosenblatt/Meyer/
Zogbaum – Das große Buch der Hundert Gewürze und Kräuter (Seiten 78, 80, 96, 102,
183, 185, 190, 202, 207, 222, 224, 242, 244, 246, Fotograf Ivo Kuthan), Rosenblatt/
Meyer/Beckmann – Kaffee (Seiten 94, 220, Fotograf Andreas Thumm), Rosenblatt/
Berweger – Minze (Seiten 76, 186, 188, 226, 240, Fotograf Patrick Zemp),
Rosenblatt/Meyer – Wildgerichte (Seiten 98, 100, 204, Fotograf Patrick Zemp)
Lithos
Photolitho AG, Gossau
Druck und Bindung
Druckerei Uhl, Radolfzell

ISBN 978-3-7750-0443-5

Inhalt

Wo finde ich was? 8

Vorwort 9

Einführung
Rund um die Sauce 10

Geschmacksgeber und Saucenbinder
Bouquet garni – Gemüsebündel 16

Sachet d'épices – Fines herbes 18

Matignon 22

Mirepoix – Röstgemüse 26

Die Saucenbinder 28

Fonds
Die Hellen – Fond blanc 34

Die Dunklen – Fond brun 44

Warme Saucen
Die weißen Saucen 60

Rezepte 76

Die dunklen Saucen 82

Rezepte 94

Die Tomatensaucen 104

Die Gemüsesaucen 112

Rezept 120

Die Buttersaucen 122

Rezepte 132

Kalte Saucen – Buttermischungen
Die Buttermischungen 138

Die mediterranen Saucen 146

Die Ölsaucen 154

Sauce, Dressing, Vinaigrette 164

Rezepte 174

Spezialsaucen
Die Chutneys 194

Rezepte 202

Die Saucen aus aller Welt 206

Rezepte 218

Dessertsaucen
Die Dessertsaucen 230

Rezepte 240

Anhang
Welche Sauce passt wozu? 248

Register 252

Wo finde ich was?

- Im Kapitel «Rund um die Sauce», Seiten 10 bis 13, wird manches wiederholt, was schon bei einzelnen Saucen nachzulesen ist, beispielsweise: Was ist eine Demiglace, ein Fischfumet? Wie entfettet man eine Sauce? Welcher Wein wozu? Ferner werden Küchengeräte vorgestellt und ihre Funktionen beschrieben.

- Das Buch ist klassisch aufgebaut. Als erstes kommen Geschmacksgeber und Saucenbinder, dann folgen Fonds und Reduktionen usw., die später in der warmen Saucenküche vielseitig eingesetzt werden. Ölsaucen, Buttermischungen, Saucen aus aller Welt und Dessertsaucen sind weitere Stationen in der Saucenküche.

- Wer die Wahl hat, hat die Qual. Auch bei der Sauce. Im Kapitel «Welche Sauce passt wozu?», Seiten 248 bis 251, sind bei den Produkten die Saucen gelistet, die Harmonie versprechen. Diese Empfehlungen sind weitgehend identisch mit denjenigen bei den einzelnen Saucen.

- Sie suchen eine bestimmte Sauce? Im Register auf Seite 252 sind sie alphabetisch gelistet.

- Step-by-Step-Bilder: Die Ziffer des Zubereitungsschrittes ist identisch mit der Ziffer beim Bild, also 1 gehört zu 1, 2 zu 2 usw. Nicht alle Zubereitungsschritte sind abgebildet.

- Mengenangaben: Wo nicht anders vermerkt, sind die Rezepte für 4 Personen berechnet. Ausnahme: Fonds, Buttermischungen.

- Rezepte: Sie stammen aus Fona-Publikationen, in denen der Autor unter anderem für die Rezepte verantwortlich zeichnete (siehe Impressum). Die Rezepte sind als Weiterentwicklung einer Saucen-Basisküche zu verstehen.

Vorwort

Ich verspreche Ihnen gleich mehrere Vorteile. Erstens: In meiner Saucenküche gibt es keine Zusatzstoffe. Zweitens: Ich arbeite nur mit besten, natürlichen Zutaten.
Das war noch nie so einfach überprüfbar wie in diesem Buch: Für das Fotokochen wurden alle Zutaten «in Szene» gesetzt (wichtig: die Menge ist nicht immer verbindlich!) Drittens: Sie müssen nicht stundenlang in der Küche stehen, um eine herrliche Sauce zu zaubern. Viertens: Die Saucen sind keine Kalorienbomben (die Kalorien werden über die Saucenmenge gesteuert).
Sind das nicht optimale Voraussetzungen, um in die Saucenwelt einzutauchen?!
In jene Welt, die Fleisch, Fisch, Gemüse und Früchte verzaubert und in ein neues Licht rückt!
Ich arbeite gerne kreativ. Tüftle mit Vorliebe an neuen Saucen herum und habe Spaß durch Produkt-Verbindungen neue Aromen zu entdecken.
Trotzdem: In der Saucenküche muss nicht alles neu erfunden werden. Escoffier, der Saucenkoch schlechthin, hat gute Arbeit geleistet.
Die Fonds und Reduktionen für Fisch und Fleisch sind unspektakulär, wären da nicht die Gewürze und die Kräuter, die im Vorfeld auf das Endprodukt abgestimmt werden. Und, obwohl gut Ding Weile hat, brauchen Sie nicht nonstop in der Küche zu stehen. Wenn Fond/Reduktion einmal abgeschäumt und entfettet ist, können sie ohne Ihr Dazutun vor sich hinköcheln.
Mein Rat: Bereiten Sie doch gleich eine größere Menge zu und gefrieren Sie die Aromaträger auf Vorrat ein.
Natürlich ist eine Saucenküche nicht auf Fonds reduziert. Auch Butter, Öl, Kräuter, Gemüse und Früchte können Hauptakteure sein, einmal in einer pikanten, einmal in einer süßen Sauce. Aromen und Geschmack sind bestimmt nie langweilig und bieten immer wieder etwas Neues.
Männer sind übrigens richtige Saucenanbeter. Sie heben buchstäblich ab, wenn sie vom «Saucen-Amor» getroffen werden.

Lucas Rosenblatt

Rund um die Sauce

A

Aïoli Eine Verbindung von Knoblauch und Öl.

Ausstecher, Kugel- Zum Ausstechen von Perlen/Kugeln aus Gemüse (Karotte, Kohlrabi, Knollensellerie, Kartoffeln, Kürbis, Avocado).

B

Béchamel Weiße Mehlsauce. Nach Louis de Béchamel benannt, einem neureichen Bankier, der sich den Titel eines Hofmeisters am Hof Ludwig XIV. erkauft hatte. Erfunden hat die Sauce einer der Hofköche. Das Rezept ist jedoch älter. In Italien war die Sauce im Mittelalter unter dem Namen «Balsamella» bekannt.

Beurre manié Besteht zu gleichen Teilen aus Butter und Mehl. Trockene Zubereitung von Mehlbutter. Zum Binden von Weißwein-, Rahm- und Pilzsaucen.

Blanchieren/Überwallen Aufkochen von Frischprodukten (Gemüse, Früchte, Fleisch, Fisch) in Wasser. Bei Fischgräten, Fleisch und Fisch werden so die Poren geschlossen und das Eiweiß ausgeschieden.

Bouquet garni Gemüsebündel/-auswahl für die Herstellung von Fonds, weißen Saucen, Voressen/Ragout.

Butter, Café de Paris Hat ihren Ursprung nicht in Frankreich, was man aufgrund des Namens vermuten könnte, sondern in einem Restaurant in Genf, das seine Gäste ausschließlich mit Entrecôte «Café de Paris» verwöhnt.

Butter, Danieli Buttermischung. Stammt aus dem weltberühmten Hotel Danieli in Venedig, wo sie mit Scampis serviert wird.

Butter, Gewürzbutter zum Gratinieren/ Überbacken Siehe Rezept «Café de Paris».

Butter, Gewürzbutter, «schlanke» Siehe Rezept «Café de Paris».

Butter, Maître d'hôtel Früher hatte das Servieren noch einen größeren Stellenwert als heute. Viele Speisen wurden vor den Gästen zubereitet, so auch diese Butter.

C

Châteaubriand Doppeltes Steak vom Rind, 4 cm dick, aus dem Kopf oder der Mitte des Filets/der Lende. Soll das Lieblingsgericht des französischen Schriftstellers und Politikers François René Vicomte de Châteaubriand (1768–1848) gewesen sein.

D

Demiglace Eine Weiterentwicklung eines dunklen Fonds (Kalbsfond, Wildfond, Lammfond, Wildgeflügelfond), indem dieser mit Gemüse, Gewürzen und anderen aromagebenden Zutaten reduziert/eingekocht wird.

E

Entfetten Fonds müssen häufig entfettet werden, weil sich lang kochendes Fett auf den Geschmack negativ auswirkt. Wie entfetten? Einen Suppenschöpfer kreisförmig im Fond bewegen, das an der Oberfläche schwimmende Fett vorsichtig abgießen (ein kleiner Fondverlust ist unvermeidbar). Für ein letztmaliges Entfetten lässt man den fertigen Fond erkalten und stellt ihn in den Kühlschrank. Nach ein paar Stunden ist das Fett erstarrt und die Fettschicht kann problemlos entfernt werden.

Escoffier (1846–1935) Gilt als der Saucenkoch schlechthin. Französischer Meisterkoch. Hat die Küche revolutioniert und gleichzeitig den Startschuss für eine neuzeitliche Küche gegeben.

Essenz klare, eingekochte, gehaltvolle Brühe/ Bouillon (Suppe).

F

Fischfumet Das Produkt aus zweimaligem Kochen von Fischfond, mit entsprechenden aromaverstärkenden Zutaten, also ein konzentrierter Fischfond.

G

Galgant Die Wurzel gehört in die gleiche Familie wie der Ingwer. Sie hat einen scharfen pfeffrigen Geschmack und rundet asiatische Gerichte unverwechselbar ab. Galgant in feine Scheiben oder Würfelchen schneiden. Damit er das volle Aroma entfalten kann, sollte er 20 Minuten in der Sauce mitgekocht werden.

Grandjus Durch zweimaliges Kochen von Knochen, unter Zugabe von Gemüse und Wasser, gewonnener Fond.

Gewürzsäckchen Leinensäckchen, wird zum Einfüllen von ganzen oder zerstoßenen (Mörser) Gewürzen verwendet.

H

Himbeerkerne von pürierten/passierten Himbeeren. Können für die Herstellung von Himbeeressig verwendet werden. Kerne von 100 g Himbeeren mit 2 dl/200 ml Weißweinessig mischen, in eine Flasche mit Schraubverschluss füllen. An einem kühlen Ort 7 Tage reifen lassen. Durch ein Tuch oder einen Kaffeefilter passieren. In einer Flasche mit Schraubverschluss kühl stellen.

J

Johannisbrotkernmehl Zum Binden von Dessertsaucen.

K

Kaffirlimettenblätter erst am Schluss zur Sauce geben. Die Blätter werden bei längerem Kochen bitter.

Kapern, in Salz eingelegt Ungeöffnete Blütenknospen des Kapernstrauchs werden von Mai bis August von Hand gepflückt. Roh sind die Früchte ungenießbar. Die Knospen werden zuerst einen Tag angewelkt und dann in grobkörnigem Meersalz eingelegt und so konserviert. In der mediterranen Küche werden die Kapern zum Würzen verwendet. In Essig ein-

gelegte Kapern haben mit den «salzigen» Kapern, einem Naturprodukt, wenig Gemeinsames, weil der Essig die feinen Aromen zerstört.

Kartoffelmehl Zum Binden von Bratjus und Demiglace.

Karkassen Knochengerüst von zerlegten kleinen Tieren.

Kochtöpfe

Nudelkochtopf Ideal zum Kochen größerer Mengen, z. B. von Fonds, die normalerweise auch für den Vorrat gekocht werden. Bei einem genügend großen Topf bleibt das Umfeld garantiert sauber.

Bräter, Bratgeschirr, Rôtissoire Brat- und Kochgeschirr, meist aus Stahlblech oder Chromnickelstahl, rechteckig, abgerundete Ecken, häufig mit Dünsteinsatz, zum Braten von großen Fleischstücken. Auch zum Dämpfen und Gratinieren im Backofen.

Bratpfanne, groß (weit) Aus Aluminium-Spritzguss mit Antihaftbeschichtung. Zum Rösten von Gewürzen. Je flacher die Gewürze ausgebreitet werden können, desto gleichmäßiger und schneller sind sie geröstet.

Kasserolle, Schwenkpfanne, Sautoir, Saucenpfanne Kleine, niedrige Kasserolle mit Stiel, aber ohne Deckel. Zum Dünsten, Pochieren, Sautieren und Schmoren von kleinen Portionen. Zum Anbraten von kleinen Fleischstücken, zum Rühren, Schlagen und Schwenken von Saucen.

M

Madras

Früherer Name der südindischen Stadt Chennai. Während der Kolonialzeit war Madras ein wichtiges Zentrum des Britischen Empires in Indien. Aus dieser Zeit stammt auch die Bezeichnung «Madras» für eine milde Currymischung.

Maisstärke Zum Binden von Bratjus und Demiglace.

Matignon Fein geschnittenes Gemüse wie Zwiebeln, Schalotten, Karotten, Knollensellerie, ferner Pilze (Champignons), mit Gewürzen angereichert.

Meerrettich Kann als ganze Wurzel eingefroren und gefroren gerieben werden.

Mie de pain Bei Toastbrotscheiben Rinde/Krume entfernen. Ganze Scheiben tiefkühlen. Gefroren auf einer feinen Reibe reiben. Sofort verwenden oder wieder tiefkühlen. Ersatz für Paniermehl.

Mirepoix Röstgemüse. Nach dem Koch des Herzogs von M., 1699–1757, Marschal und Gesandten König Ludwigs XV. von Frankreich, benannt.

Mornay Käsesauce, wurde oft mit Philippe de Mornay (1549–1623) in Verbindung gebracht, einem französischen Staatsmann.

Mörser Dickwandige Schale aus Marmor, Porzellan o. ä. mit gerundeter, rauer Innenseite zum feinen Zerstoßen/Zerreiben und auch Verbinden (mit dem Stößel) von Gewürzen und Kräutern, mit dem Ziel, die Aromastoffe freizusetzen.

P

Passieren

Spitzsieb aus Chromstahl, in verschiedenen Größen, mit langem oder kurzem Stiel, aber immer mit der gleichen Lochung. Ideal zum Passieren von Fonds (hier wird zusätzlich ein Baumwolltuch in das Sieb gelegt, damit auch kleinste Teile aufgefangen werden können, welche den Fond trüben würden), zum Abtropfen von Quark, Jogurt usw.

Brühsieb mit rostfreiem Drahtgeflecht. Gibt es in verschiedenen Größen. Ideal zum Passieren von Püriertem, z. B. von Beeren, von Reduktionen, z. B. einer Sauce Hollandaise, mit dem Ziel, Steinchen/Kernchen, Zwiebeln, Gewürze aufzufangen und durch Ausdrücken mit einem Esslöffel möglichst wenig «Abfall» zu produzieren.

Passevite/Passetout aus Chromstahl, mit Lochscheiben von unterschiedlicher Größe. Zum gleichzeitigen Pürieren und Passieren von gekochten Lebensmitteln, wie Kartoffeln, Karotten, Tomaten, Obst.

Schaumlöffel mit Lochung. Zum Abschäumen von Fonds und Hülsenfrüchten, aber auch für die Entnahme von Lebensmitteln aus dem Kochwasser.

Suppenschöpfer Zum Entfetten von Fonds. Siehe auch «Entfetten».

Pesto Italienische roh verstampfte/gemixte Gewürzpaste. Pesto alla Genovese wird aus Basilikum und Olivenöl hergestellt. Daneben gibt es viele Ableitungen mit immer wieder anderen Kräutern (Bärlauch, Petersilie, Rucola, Kresse).

Pfeilwurzelmehl Zum Binden von Dessertsaucen, Bratjus und Demiglace.

Poelieren In zugedecktem Koch-/Bratgeschirr auf aromatischem Gemüse mit zerlassener Butter oder Öl unter Zugabe von hellem Fond sanft garen.

R

Ravigot Klassische Vinaigrette.

Reisstärke Zum Binden von Bratjus und Demiglace.

Rotwein, einkochen Wein schluckweise zugeben. Das hat den Vorteil, dass er schneller einkocht und das Weinaroma so besser erhalten bleibt.

Rotwein-Qualität Für dunkle Fonds sollte ein möglichst kräftiger (dunkler) Rotwein verwendet werden. Er muss nicht von bester Qualität sein, da er nur für die Farbe gebraucht wird. Bei Ableitungen einer Demiglace sollte jedoch ein sehr guter Rotwein verwendet werden, denn hier soll der Wein der Sauce die nötige Spannung und Kraft geben. Oft wird der gleiche Wein wie später zum Essen verwendet.

Roux Mehlschwitze. Besteht aus etwa gleich viel Butter und Mehl. Butter und Mehl werden durch Verflüssigung der Butter verbunden. Zum Binden von weißen Saucen.

Rühren mit Kochlöffel (aus Holz oder beschichtetem Kunststoff), rundem oder flachem Rührblitz, Schneebesen, Quirlbesen, Topfbesen.

S

Saucenveredler Ein sirupartig eingekochter Grandjus.

Säure (Essig/Zitronensaft) vernichtet das Blattgrün, deshalb erst kurz vor dem Servieren unter die Sauce rühren.

Spirituosen/Schnaps Eine kräftige Demiglace kann gut mit Spirituosen veredelt werden. Wichtig ist die Dosierung: ihr kräftiger Geschmack darf die feine Nuance einer Sauce nicht zudecken oder zerstören.

Sch

Schalotte Heißt auch Edelzwiebel/Echalotte. Sie ist von mildem Geschmack und wird überall dort verwendet, wo der scharfe Zwiebelgeschmack unerwünscht ist.

T

Tandooripaste Scharfe indische Gewürzpaste. Besteht aus Knoblauch, Tamarinde, Koriander, Kreuzkümmel, Kurkuma und Cayennepfeffer. Schmeckt fruchtig-scharf. Eignet sich auch zum Marinieren von Fleisch und Fisch.

Tapenade Eine Paste aus der provenzalischen Küche auf Olivenbasis.

Tomate, entkernen Die gallertartige Masse mit Kernen entfernen. Zurück bleibt das «Fruchtfleisch». Das Kernmaterial kann für eine Suppe verwendet werden.

Tomate, schälen Neuere Züchtungen haben meist eine ziemlich feste/zähe Haut und lassen sich auch mit dem Sparschäler mühelos schälen. Bei feinerer Haut und wenn sie nicht mehr ganz straff ist (kann bei sehr reifen Tomaten der Fall sein): Tomaten an der Spitze kreuzweise einschneiden, in einem Schaumlöffel in kochendes Wasser tauchen, bis sich die Haut löst. Unter kaltem Wasser oder im Eiswasser (Wasser mit Eiswürfeln) abschrecken, schälen.

W

Wasserbad Es gibt zwei Möglichkeiten.
1. Eine Chromstahlschüssel oder eine andere Rührschüssel so wählen, dass sie auf die Pfanne/den Kochtopf gesetzt werden kann, ohne dass sie den Pfannenboden berührt. Eine Distanz von einigen Zentimetern zwischen Pfannenboden und Schüssel ist ideal. Einige Zentimeter Wasser einfüllen. Das Wasser während des Rührens der Sauce auf mittlerer Stufe kochen.
2. Einen weiten Topf etwa zur Hälfte mit Wasser füllen und dieses aufkochen. Topf von der Wärmequelle nehmen. Schüssel in das heiße Wasser stellen, Sauce schaumig/sämig rühren.

Z

Zitrusfrucht (Orange, Zitrone, Grapefruit, Mandarine)-Oliven-Öl Halbreife Oliven in Bioqualität werden mit ungeschälten biologischen Früchten gepresst. Das Öl hat eine feine fruchtige Duftnote und kann sehr individuell zum Abrunden von Speisen eingesetzt werden. Nebst fruchtigen Salaten harmoniert es auch mit Fisch und Geflügel.

Zitrusfruchtschale Nur unbehandelte, besser noch Bio-Früchte verwenden. Schale dünn abschälen/abreiben. Die darunter liegende weiße Haut ist bitter und verändert den Geschmack der Sauce negativ.

Geschmacksgeber

Bouquet garni – Gemüsebündel

So natürlich wie das Endprodukt «Sauce» sein soll, so natürlich sollen auch die aroma-gebenden Zutaten sein. Auch einem Bouquet garni steht es gut an, wenn das Gemüse ernte-frisch ist (im Winter muss man selbstverständlich auf Lagergemüse ausweichen).

Bouquet garni für helle Fonds **17**
Bouquet garni für dunkle Fonds **17**

Bouquet garni

Bouquet garni für helle Fonds

für 1 Liter Fond

1 mittelgroßer Lauch
(nur das Herz = innerer Teil)
1 Zitronengrasstängel
(nur das Herz = innerer Teil)
1 Karotte
1 Spross Stangen-/Staudensellerie
(nur das Herz = innerer Teil),
je nach Rezept

Küchenschnur zum Binden

1 Karotte schälen und längs in Stücke
schneiden.
2 Alle Zutaten mit Küchenschnur zusammenbinden.

Verwendung

Für Geflügel-, Kalbs- und Fischfond, weiße
Saucen, Voressen/Ragout

Bouquet garni für dunkle Fonds

für 1 Liter Fond oder Sauce

1½ Karotten
1 kleiner Lauch
¼ Knollensellerie

1 Karotten und Knollensellerie schälen und
in Stücke schneiden. Beim Lauch grobfasrige
Teile entfernen, quer und längs halbieren.
2 Alle Zutaten mit Küchenschnur zusammenbinden.

Verwendung

Für Lamm- und Wildfond, weißes Kalbs-
voressen/-ragout (Blanquette de veau),
Gemüsebrühe

Bild

links Bouquet garni für helle Fonds
rechts Bouquet garni für dunkle Fonds
unten mit Lorbeerblatt und Gewürznelke
bsteckte Schalotte

Sachet d'épices – Fines herbes

Auch Gewürzsäckchen und/oder Kräutersträußchen sind Basis eines gehaltvollen Fonds oder einer feinen Sauce. In manchen Fällen werden die Gewürze zerstoßen, damit sie das Aroma besser entfalten können. Kräuter welken, wenn sie nicht mehr frisch sind. Nicht so die Gewürze. Aber auch sie sind nicht ewig haltbar. Sie verderben zwar nicht, aber sie verlieren an Aroma.

Gewürzsäckchen «Asia» **20**

Gewürzsäckchen für Kalb- und Geflügelfleisch **20**

Gewürzsäckchen für Fisch **20**

Gewürzsäckchen für Lammfleisch **21**

Gewürzsäckchen für Wildfleisch **21**

Gewürzsäckchen

Gewürzsäckchen für Kalb- und Geflügelfleisch

10 weiße Pfefferkörner, zerstoßen

1 Gewürznelke

1 TL getrockneter Thymian

1 TL getrockneter Estragon

Alle Zutaten in ein Leinensäckchen füllen und zubinden.

Gewürzsäckchen «Asia»

½ TL Korianderkörner, zerstoßen

5 Szechuanpfefferkörner

1 Streifen Limettenschale

1 getrockneter Thai-Chili

2 Kaffirlimettenblätter, fein geschnitten

2 Korianderwurzeln, zerquetscht

Alle Gewürze im Mörser quetschen. In ein Leinensäckchen füllen und zubinden.

Gewürzsäckchen für Fisch

½ TL wilde Fenchelsamen, zerstoßen

1 Lorbeerblatt

1 TL getrockneter Dill

1 Streifen Zitronenschale

5 weiße Pfefferkörner, zerstoßen

Alle Gewürze im Mörser zerstoßen. In ein Leinensäckchen füllen und zubinden.

Gewürzsäckchen für Wildfleisch

5 Pfefferkörner

2 Pimentpfefferkörner

1 Lorbeerblatt

1 EL getrocknete Rosmarinnadeln

2 EL getrocknete Cranberries, zerstoßen

Pfeffer, Pimentpfeffer und Lorbeerblatt im Mörser zerstoßen. Alle Zutaten in ein Leinensäckchen füllen und zubinden.

Gewürzsäckchen für Lammfleisch

5 schwarze Pfefferkörner

½ TL Kreuzkümmelsamen

1 Kardamomkapsel

1 getrocknete rote Chilischote

1 unbehandelte Orange, davon

1 Streifen Schale

2 Knoblauchzehen, zerkleinert

Alle Gewürze im Mörser zerstoßen. In ein Leinensäckchen füllen und zubinden.

Matignon

Feinblättrig geschnittenes Gemüse und feinblättrig geschnittene Champignons setzen innerhalb kurzer Zeit ihre Aromen frei. Sie geben so Fonds und Saucengerichten, die bei mäßiger Hitze und nicht lange gegart werden ein kräftiges Aroma.

Weiße Matignon für Fisch **24**

Weiße Matignon für Geflügel **24**

Weiße Matignon für Kalbfleisch **24**

Bunte Matignon für Krustentiere **25**

Bunte Matignon für dunkle Fonds **25**

Matignon

Weiße Matignon für Geflügel

für 1 Liter Fond

50 g weißer Lauch

1 Spross Stangen-/Staudensellerie, geschält

1 kleine Zwiebel, geschält

1 Zitronengrasstängel (nur das Herz = innerer Teil), fein geschnitten

4 dünne Ingwerscheiben

Lauch, Stangen-/Staudensellerie und Zwiebel feinblättrig schneiden. Zutaten mischen.

Verwendung
Für weiße Saucen, Suppen, zum Weißdünsten (poelieren) von Geflügel.

Weiße Matignon für Fisch

für 1 Liter Fond

50 g weißer Lauch

50 g Fenchel

30 g Knollensellerie, geschält

1 Schalotte, geschält

3 weiße Champignons

5 weiße Pfefferkörner, zerstoßen

10 Korianderkörner, zerstoßen

½ Bund Dill, zerpflückt

Gemüse und Pilze feinblättrig schneiden. Alles mischen.

Verwendung
Für Fischfumet (konzentrierter Fischfond) und Essenzen (reduzierte Fonds für Suppen).

Weiße Matignon für Kalbfleisch

für 1 Liter Fond

50 g weißer Lauch

30 g Knollensellerie, geschält

1 Schalotte, geschält

3 weiße Champignons

1 TL abgeriebene Schale von einer unbehandelten Zitrone

2 Thymianzweiglein, Blättchen abgestreift

Lauch, Sellerie, Schalotte und Champignons feinblättrig schneiden, mit Zitronenschale und Thymian mischen.

Bunte Matignon
für dunkle Fonds

80 g Karotten, geschält

2 Schalotten, geschält

50 g Knollensellerie, geschält

4 kleine Dörrtomaten, in Streifchen

1 Lorbeerblatt

1 Bund glattblättrige Petersilie, entstielt

10 schwarze Pfefferkörner, zerstoßen

Karotten, Schalotten und Sellerie feinblättrig
schneiden. Alle Zutaten mischen.

Verwendung
Für Saucengerichte und zum «Auffrischen»
von dunklen Fonds.

Bunte Matignon
für Krustentiere

für 1 Liter Fond

50 g Zwiebeln, geschält

30 g Knollensellerie, geschält

30 g Petersilienwurzel, geschält

1 Tomate

½ TL Anissamen

10 schwarze Pfefferkörner,
zerstoßen

½ rote Chilischote, aufgeschnitten,
entkernt, in Streifchen geschnitten

1 Tomate schälen: Bei fester Haut kann
   der Sparschäler verwendet werden. Oder:
   Tomate an der Spitze kreuzweise einschneiden, in einem Schaumlöffel kurz
   in kochendes Wasser tauchen, unter
   kaltem Wasser abschrecken. Tomate schälen,
   Stielansatz mit einem spitzen Messer
   ausstechen. Tomate vierteln, geleeähnliche
   Masse mit Kernen entfernen. Tomatenviertel in Streifen schneiden.
2 Zwiebel, Knollensellerie und Petersilienwurzel feinblättrig schneiden.
3 Alle Zutaten mischen.

Verwendung
Hummerfonds und Hummersaucen.

Mirepoix – Röstgemüse

Ein Mirepoix besteht aus grobwürfelig geschnittenem Gemüse. Es wird für die Herstellung von dunklen Fonds und zum Schmoren und Braten von großen Fleischstücken verwendet. Das Mirepoix wird nach dem Garen meist entfernt (passiert/gesiebt). Bei Schmorgerichten kann es auch mit der Sauce gemixt werden, nachdem Lorbeerblatt und Gewürzkörner entfernt worden sind.

Mirepoix für Rinderschmorbraten **27**

Mirepoix für dunklen Kalbsfond **27**

Mirepoix

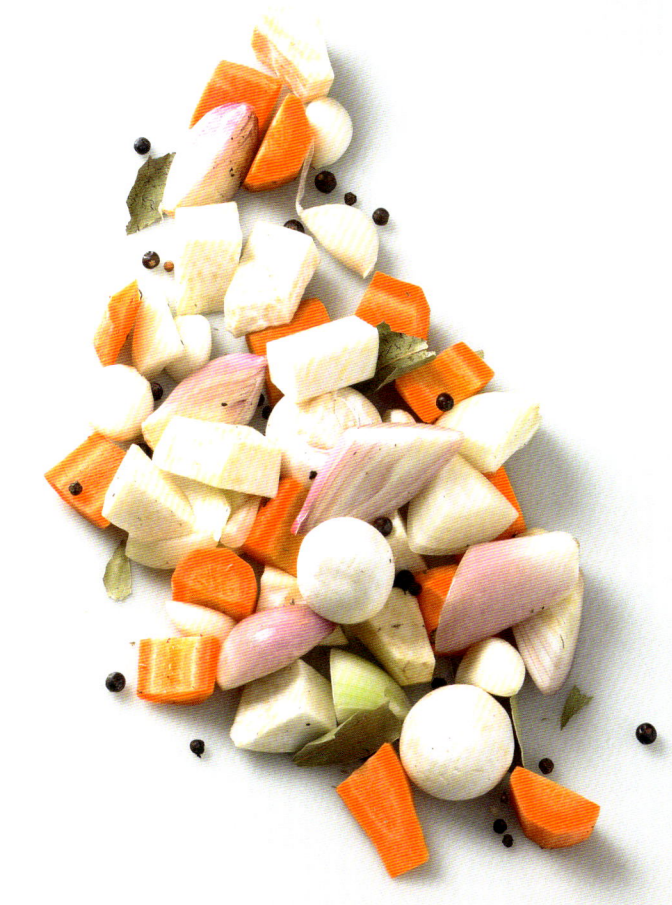

Mirepoix für Rinderschmorbraten

für 2 kg Braten

100 g Karotten, geschält

2 mittelgroße Zwiebeln, geschält

4 Knoblauchzehen, geschält, zerkleinert

2 Spross Stangen-/Staudensellerie, geschält

4 Dörrtomaten, in Streifen

1 roter Peperoni/Paprikaschote

1 Chilischote, aufgeschnitten, entkernt

20 g getrocknete Steinpilze, eingeweicht

1 Peperoni/Paprikaschote mit dem Sparschäler schälen, die Schote halbieren, Stielansatz, Kerne und weiße Teile entfernen, Hälften in Quadrate schneiden.
2 Karotten, Zwiebeln und Stangen-/Staudensellerie grob würfeln.

Mirepoix für dunklen Kalbsfond

für 2 Liter Fond

100 g Karotten, geschält

50 g Petersilienwurzel, geschält

4 Schalotten, geschält

80 g Knollensellerie, geschält

2 Knoblauchzehen, geschält

1 Tomate

1 Thymianzweiglein, Blättchen abgestreift

1 Rosmarinzweig, Nadeln abgestreift

1 Lorbeerblatt

10 schwarze Pfefferkörner, zerstoßen

1 Tomate schälen: Siehe Kapitel «Rund um die Sauce».
2 Alle Gemüse grob würfeln.

Die Saucenbinder

Nicht jede Sauce sollte zu Sirup eingekocht werden. Auch Saucen mit Rahm/Sahne kocht man lieber nicht zu stark ein, weil dadurch das feine Aroma verloren geht. Wenn die Saucenbasis, d. h. der Fond stimmt, kann das Bindemittel das Aroma der Sauce nicht beeinträchtigen.

Mehlbutter – Beurre manié 30

Mehlschwitze – Roux 30

Mais-, Kartoffel- und Reisstärke 30

Johannisbrotkernmehl 30

Tapioka-/Maniok-/Pfeilwurzelmehl 31

Saucenbinder

Saucenbinder

Mehlbutter – Beurre manié

für ½ l Sauce

30 g Butter
30 g Mehl

1 Mehl und Butter von Hand rasch zu
   einer gleichmäßigen Masse zusammenfügen.
2 Sauce aufkochen, so viel Mehlbutter
   krümelig unterrühren, bis die Sauce die
   gewünschte Konsistenz hat.

Verwendung
Für Weißwein-, Rahm- und Pilzsaucen.

Mehlschwitze – Roux

für ½ l Sauce

25 g Butter
   30 g Weißmehl

1 Die Butter bei schwacher Hitze schmelzen,
   Mehl unterrühren. Mehlschwitze auf der
   ausgeschaltetem Wärmequelle 10 Minuten
   quellen lassen.

Verwendung
Zum Binden von Weißwein- und Béchamel-
saucen.

Mais-, Kartoffel- und Reisstärke

für ½ l Sauce

15 g Mais-, Kartoffel- oder Reisstärke
   2 EL Weißwein oder Wasser

1 Stärke und Wasser glattrühren.
2 Angerührte Stärke unter die kochende Sauce
   rühren, 5 Minuten bei schwacher Hitze
   köcheln.

Verwendung
Zum Binden von Bratjus und Demiglace.

Johannisbrotkernmehl

für ½ l Sauce

1 TL (5 g) Johannisbrotkernmehl
2 EL Wasser

1 Stärke und Wasser glattrühren.
2 Angerührte Stärke in die kochende Sauce
   rühren, bei schwacher Hitze 5 Minuten
   köcheln lassen.

Verwendung
Zum Binden von Dessertsaucen.

Tapioka-/Maniok-/ oder Pfeilwurzelmehl

für ½ l Sauce

10 g Tapioka-/Maniokmehl
2 EL Wasser

1 Stärke und Wasser glattrühren.
2 Angerührte Stärke in die kochende Sauce rühren, bei schwacher Hitze 5 Minuten köcheln lassen.

Verwendung
Zum Binden Von Dessertsaucen, Bratjus und Demiglace.

Tapioka/Maniok/Pfeilwurzel
Tropische Sträucher, aus deren Wurzel-knollen (Rhizomen) Stärke gewonnen wird. In den Herkunftsländern (Thailand, Afrika, Brasilien) wird das Blattwerk als Gemüse gegessen.

Fonds

Die Hellen – Fond blanc

Für eine weiße Sauce braucht man einen hellen Fond. Die meisten Zutaten haben auf die Farbe des Fonds keinen Einfluss. Entscheidend ist die Zubereitung. Hier werden die Zutaten nicht gebraten, sondern in Flüssigkeit, meist Wasser, gekocht. Das Resultat ist eine aromatische Brühe, die je nach Verwendung in einem zweiten Schritt noch eingekocht und so noch aromatischer wird.

Fischfond **35**

Fischfumet – Fumet de poisson **38**

Kalbsfond – Fond blanc **39**

Geflügelfond **40**

Gemüsefond **42**

Apfelfond **43**

Fischfond

Fischfond

2 kg Gräte und Fischabschnitte von

Meeresfischen, zum Beispiel von Plattfisch, Seeteufel, Meerwolf

1 TL Butter

Matignon

4 Champignons, 1 mittelgroßer Lauch (nur helle Teile),

2 Spross Stangen-/Staudensellerie, 1 mittelgroße Zwiebel

3 dl/300 ml Weißwein, z. B. Riesling

2 l Wasser

1 Gewürzsäckchen für Fisch, Seite 20

1 Für die Matignon alle Zutaten putzen und bei Bedarf schälen, feinblättrig schneiden.

2 Fischabschnitte gut wässern.

3 Fischabschnitte klein schneiden, in reichlich kochendem Wasser blanchieren, abgießen.

4 Butter schmelzen, Matignon andünsten, mit Weißwein ablöschen.

5 Fischabschnitte auf das Gemüse legen.

6 Wasser zugießen, aufkochen.

7 Gewürzsäckchen zugeben, Fond bei schwacher Hitze 30 Minuten offen köcheln lassen.

8 Schaum immer wieder abschöpfen.

9 Ein Spitzsieb mit einem Baumwolltuch (Passiertuch) auskleiden. Fischfond passieren.

Blanchieren (überbrühen, überwallen)

Aufkochen von Frischprodukten (Gemüse, Früchte, Fleisch, Fisch) in Wasser. Bei Fischgräten, Knochen, Fleisch und Fisch werden so die Poren geschlossen und das Eiweiß ausgeschieden.

Fischabschnitte woher?

Am besten lässt man sich beim Fischhändler den Fisch seiner Wahl filettieren und nimmt Filets, Gräte und Abschnitte gleich mit. Oder man bestellt beim Fischhändler die für den Fond benötigten Zutaten.

Fischfumet – Fumet de poisson

500 g Gräte und Abschnitte
von Plattfisch

1 EL Olivenöl extra nativ

2 Schalotten, geschält, zerkleinert

½ Fenchel, fein geschnitten

1 l Fischfond, Seite 36

1 Zitronengrasstängel (nur das Herz),
klein geschnitten

einige weiße Pfefferkörner, zerstoßen

1 Fischgräte mit den Fischabschnitten gut
   wässern.
2 Die Fischabschnitte klein schneiden, mit
   den Gräten im kochenden Wasser blanchieren, abgießen und mit kaltem Wasser
   abspülen.
3 Schalotten und Fenchel im Olivenöl
   andünsten. Gräte und Fischabschnitte auf
   das Gemüse legen, mit dem Fischfond
   ablöschen, aufkochen, abschäumen. Zitronengras und Pfefferkörner zugeben, den
   Fond bei schwacher Hitze etwa 20 Minuten
   köcheln
4 Ein Spitzsieb mit einem Baumwolltuch
   (Passiertuch) auskleiden. Fischfumet
   passieren.

Verwendung

Für Weißweinsaucen und daraus herge-
stellte Ableitungen, für Fischsuppen, zum
Pochieren von Fisch, als klare Essenz
(Suppe).

Tipp

Fond und Fumet können gut eingefroren
werden. Am besten in Eiswürfeleinsätze
füllen, so sind sie auch schon portioniert.

Kalbsfond – Fond blanc

1 kg Kalbsknochen

500 g Kalbsschwanz, zerkleinert

200 g Kalbsfüße

Matignon

1 mittelgroßer Lauch (helle Teile),

¼ Knollensellerie, 3 Schalotten,

1 Bundzwiebel

2 Lorbeerblätter

10 weiße Pfefferkörner, zerstoßen

2 Thymianzweiglein

1 Kalbsknochen, Kalbsschwanz und Kalbsfüße im Wasser aufkochen, abgießen,
   unter kaltem Wasser abwaschen.
2 Alle Zutaten in einen Topf geben, mit
   3 Liter kaltem Wasser bedecken, aufkochen,
   Fond 2 bis 3 Stunden schwach köcheln,
   Von Zeit zu Zeit abschäumen/abfetten
   (siehe Kapitel «Rund um die Sauce»).
3 Ein Spitzsieb mit einem Baumwolltuch
   (Passiertuch) auskleiden. Kalbsfond
   passieren.
4 Passierten Kalbsfond bei schwacher Hitze
   auf 1 Liter einkochen lassen.
5 Den Kalbsfond erkalten lassen. 12 Stunden
   in den Kühlschrank stellen. Die Fettschicht entfernen.

Verwendung

Für weißes Kalbsragout (Blanquette de
veau), Kräuter- und Rahmsaucen. Als Basis
von dunklen Fonds, Cremesuppen und
klaren Suppen, Essenzen.

Geflügelfond

1 Suppenhuhn oder 500 g Karkassen

2 Kalbsfüße, zerkleinert

1 große Zwiebel

1 mittelgroßer Lauch (helle Teile)

¼ Knollensellerie

½ rote Chilischote, entkernt

1 Rosmarinzweig

3 Knoblauchzehen

½ TL Korianderkörner, zerstoßen

10 schwarze Pfefferkörner, zerstoßen

1 Gewürznelke

1 Lorbeerblatt

2 l Wasser

1 Suppenhuhn großzügig in Stücke zerlegen, Karkassen grob zerkleinern.
2 Suppenhuhn und Karkassen im Wasser 3 Minuten blanchieren, abgießen, unter kaltem Wasser gut abwaschen.
3 Gemüse putzen, bei Bedarf schälen und zerkleinern.
4 Zutaten in den Topf geben, mit dem kalten Wasser bedecken, aufkochen, Fond bei schwacher Hitze 2 bis 3 Stunden köcheln, immer wieder abschäumen.
5 Ein Spitzsieb mit einem Baumwolltuch (Passiertuch) auskleiden. Geflügelfond passieren.
6 Geflügelfond erkalten lassen. 12 Stunden in den Kühlschrank stellen. Dann Fettschicht entfernen.

Verwendung

Zum Pochieren und Weißdünsten (Poelieren) von Geflügel und Saucen, als Basis von Suppen, Essenzen (eingekochter Fond) und Saucen.

Karkassen

Knochengerüst, das nach dem Tranchieren/Zerlegen von kleineren Tieren zurückbleibt. Die Karkassen geben Suppen und Saucen ein kräftiges Aroma.

Poelieren

Schonende Zubereitung, insbesondere von Geflügel. Das Fleisch wird unter Zugabe von Öl oder Butter und Matignon im Ofen bei 140 bis 160 °C zugedeckt schonend gegart.

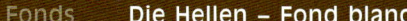

Gemüsefond

Matignon

1 Schalotte mit Schale, 1 Karotte,
1 Pfälzer Rübe/Möhre, 1 Spross
Stangen-/Staudensellerie, 1 mittelgroßer
Lauch (helle Teile), 1 kleiner Fenchel,
2–3 Knoblauchzehen

1 Tomate, geviertelt
1 cm Ingwerwurzel, geschält,
in Scheiben
1 Zitronengrasstängel (nur das Herz)
4 glattblättrige Petersilienzweige
½ TL Koriandersamen, zerstoßen
½ TL Kreuzkümmelsamen, zerstoßen
½ grüne Chilischote, entkernt, zerkleinert
2 EL Sojasauce

1 Geputztes Gemüse in einen Topf geben
und mit kaltem Wasser bedecken, aufkochen,
Fond bei schwacher Hitze 2 Stunden
köcheln lassen, die restlichen Zutaten die
letzten 30 Minuten mitkochen.
2 Ein Spitzsieb mit einem Baumwolltuch
(Passiertuch) auskleiden. Den Gemüsefond
passieren.

Verwendung
Für weiße Saucen und zum Auffüllen von
Saucengerichten und für Suppen.

Apfelfond

2 kg klein geschnittene Kochäpfel oder Fallobst oder unreife Äpfel

2½ l Wasser

10 Koriandersamen, zerstoßen

1 Gewürznelke

1 Lorbeerblatt

½ rote Chilischote

½ cm Ingwerwurzel, geschält, gewürfelt

1 Äpfel mit Kernen klein schneiden, mit Wasser und Gewürzen in einen Kochtopf geben, aufkochen, Äpfel bei schwacher Hitze weich garen.

2 Ein Sieb mit einem Passier-/Baumwolltuch auslegen, auf eine Schüssel stellen.
Äpfel mit Flüssigkeit in das Sieb gießen. Das Tuch über die Äpfel legen,
mit einem Gegenstand beschweren, Flüssigkeit mit leichtem Druck auspressen.

3 Aufgefangenen Apfelfond bei starker Hitze auf ein Viertel einkochen.

4 Fond für die Haltbarmachung heiß in vorgewärmte Einmachgläser von
½ dl/50 ml bis 1 dl/100 ml mit Schraubverschluss füllen, sofort verschließen.
1 dl/100 ml reicht für ein Saucenrezept für 4 Personen.

Verwendung

Apfel-Beurre blanc, Apfelbutter, Sauerkraut, Schweinsragout, pochierter Fisch.

Die Dunklen – Fond brun

Gebratenes Fleisch und gebratene Knochen sind die Basis eines kräftigen dunklen Fonds. Rotwein und Tomatenpüree sorgen für zusätzliche Farbe und «heitern» das Aroma des Fonds gleichzeitig wieder ein wenig auf, nehmen ihm also die Schwere.

Dunkler Kalbsfond – Fond brun de veau **45**

Dunkler Wildfond **48**

Dunkler Geflügelfond **50**

Dunkler Lammfond **51**

Dunkler Wildgeflügelfond **51**

Grandjus **52**

Saucenveredler – Glace de viande **53**

Hummerfond **54**

Orientalischer Gemüsefond **56**

Dunkler Kalbsfond – Fond brun de veau

500 g klein gehackte Kalbsknochen

200 g Kalbsbrustknorpel

½ Ochsenschwanz

4 Kalbsfüße, klein gehackt

1 EL Tomatenmark, dreifach konzentriert

½ l Rotwein

Mirepoix

60 g Karotten, 60 g Pfälzer Rüben/Möhren, 80 g Zwiebeln, 40 g Knollensellerie,
2 reife Tomaten, 2 Knoblauchzehen, 1 Lorbeerblatt, 5 Pfefferkörner (zerstoßen),
1 Rosmarinzweig

2 l Wasser oder heller Kalbsfond, Seite 39 oder Gemüsefond,
Seite 42

1 Tomaten schälen: Siehe Kapitel «Rund um die Sauce»
2 Ofen mit einem Bräter auf 200 °C aufheizen.
3 Knochen, Kalbsbrustknorpel, Ochsenschwanz und Kalbsfüße in den Bräter verteilen, im Ofen gleichmäßig anbraten. Tomatenmark unterrühren, kurz mitrösten.
4 Bratgut mit Rotwein schluckweise glacieren, bis es eine schöne dunkelbraune Farbe hat.
5 Mirepoix zugeben und kurz mitbraten.
6 Fondzutaten mit dem Wasser in einen Kochtopf geben, aufkochen, 90 Minuten köcheln lassen, gelegentlich abschäumen/entfetten (siehe Kapitel «Rund um die Sauce»).
7 Ein Spitzsieb mit einem Baumwolltuch (Passiertuch) auskleiden, den Fond passieren.

Verwendung
Grundsauce für Demiglace und Basisfonds, für Saucengerichte wie Voressen/ Ragout, Gulasch.

Dunkler Wildfond

500 g klein gehackte Wildknochen und Wildfleischabschnitte

1 l kräftiger Rotwein zum Marinieren

5 zerdrückte Wacholderbeeren

½ EL zerdrückte Koriandersamen

1 Lorbeerblatt

5 schwarze Pfefferkörner, zerstoßen

2 Gewürznelken

2 EL Erdnussöl

1 Kalbsfuß, klein gehackt

2 EL Tomatenmark

1 dl/100 ml Rotweinessig

Mirepoix

80 g Karotten, 80 g Zwiebeln, 40 g Knollensellerie,

1 säuerlicher Apfel, geschält, entkernt, gewürfelt

2 EL getrocknete Cranberries

2 l Wasser oder Grandjus, Seite 52

1 Wildknochen und Wildfleischabschnitte mit Rotwein, Wacholderbeeren, Koriandersamen, Lorbeerblatt, Pfefferkörnern und Gewürznelken mischen, 24 Stunden marinieren.

2 Schüsselinhalt in ein Sieb gießen, Marinade auffangen.

3 Marinade aufkochen, durch ein Sieb passieren.

4 Einen Bräter mit dem Öl im Ofen bei 200 °C erhitzen. Wildknochen, Wildfleischabschnitte und Kalbsfuß in den Bräter geben und im Ofen gleichmäßig rösten. Tomatenmark unterrühren, kurz mitrösten. Das Bratgut mit Marinade und Rotweinessig schluckweise glacieren, bis es eine schöne dunkelbraune Farbe hat. Mirepoix, Äpfel und Cranberries zugeben, kurz mitbraten.

5 Den Inhalt des Bräters in einen Topf geben, restliche Marinade, Wasser oder Grandjus zugeben, aufkochen, den Fond bei schwacher Hitze 2 Stunden köcheln, immer wieder abschäumen/entfetten.

6 Ein Spitzsieb mit einem Baumwolltuch (Passiertuch) auskleiden, den Fond passieren.

7 Den Fond erneut aufkochen, bei schwacher Hitze auf ½ l einkochen.

Verwendung

Für Wildpfeffer, Wildragout, als Basis von Wildsaucen.

Dunkler Fond

Dunkler Geflügelfond

Klein geschnittene oder gehackte Karkassen von 2 Poularden

1 EL Olivenöl

1 Rezeptmenge «bunte Matignon» für dunkle Fonds, Seite 25

1 Gewürzsäckchen für Kalb- und Geflügelfleisch, Seite 20

½ l trockener Weißwein, z. B. Riesling

½ l dunkler Kalbsfond, Seite 46

1 Geflügelkarkassen in kochendem Wasser blanchieren, abgießen, unter kaltem Wasser gut abwaschen.
2 Olivenöl in einem Topf bei mittlerer Hitze erwärmen, Matignon zugeben, 10 Minuten dünsten, mit Weißwein ablöschen, bis auf ¼ einkochen lassen. Mit dunklem Kalbsfond auffüllen, Gewürzsäckchen beigeben, bei schwacher Hitze 40 Minuten kochen.
3 Ein Spitzsieb mit einem Baumwolltuch (Passiertuch) auskleiden, den Fond passieren.

Variante
Auf gleiche Weise wird ein Kaninchenfond zubereitet. Poularden- durch Kaninchenkarkassen ersetzen.

Fond entfetten: siehe «Rund um die Sauce».

Dunkler Lammfond

500 g Lammknochen

2 EL Olivenöl

1 Rezeptmenge

«bunte Matignon» für dunkle

Fonds, Seite 25

1 Thymianzweig,

Blättchen abgestreift

2 Basilikumzweige,

Blättchen abgezupft

1 Bund Petersilie, nur Stiele

1 l dunkler Kalbsfond, Seite 46

1 Gewürzsäckchen

für Lammfleisch, Seite 21

1 EL Rosinen

1 Lammknochen in kochendem Wasser
blanchieren, abgießen und unter kaltem
Wasser gut abwaschen.
2 Olivenöl in einem Topf bei mittlerer Hitze
erwärmen, Matignon zugeben und
10 Minuten dünsten, Thymian, Basilikum
und Petersilienstiele kurz mitdünsten,
mit dunklem Kalbsfond ablöschen, Gewürzsäckchen und Rosinen zugeben, Fond
bei schwacher Hitze 30 Minuten köcheln.
3 Ein Spitzsieb mit einem Baumwolltuch
(Passiertuch) auskleiden, Fond passieren.

Verwendung
Für Lamm-Saucenfleisch, kurz gebratenes
Lammfleisch.

Dunkler Wildgeflügelfond

500 g zerkleinerte Karkassen von Poulet

und Wildgeflügel

2 EL Olivenöl

2 Schalotten, grob geschnitten

20 blaue Traubenbeeren, halbiert

2 dl/200 ml kräftiger Rotwein, z. B. Syrah

1 l Wildfond, Seite 48

1 Gewürzsäckchen für Wildfleisch, Seite 21

1 Poulet- und Wildgeflügelkarkassen im
kochenden Wasser blanchieren, abgießen,
unter kaltem Wasser gut abwaschen.
2 Olivenöl in einem Topf erwärmen, Schalotten
zugeben, glasig dünsten, Traubenbeeren
kurz mitdünsten, mit Rotwein ablöschen, bis
auf ¼ einkochen lassen, mit dem Wildfond auffüllen, aufkochen, Gewürzsäckchen
zugeben. Fond bei schwacher Hitze auf
½ Menge einkochen lassen.
3 Ein Spitzsieb mit einem Baumwolltuch
(Passiertuch) auskleiden, Fond passieren.

Verwendung
Grundfond für Gerichte mit Fasan, Rebhuhn,
Taube und Moorhuhn.

1 Rezeptmenge gekochte Knochen
von dunklem Fond, Seite 46
250 g «bunte Matignon»
für dunkle Fonds, Seite 25
1 Bund Petersilie, nur Stiele
2 Tomaten, geviertelt
2 l Wasser

1 Knochen mit Matignon, Petersilienstielen
und Tomaten in einen Topf geben
und mit 2 l Wasser auffüllen, aufkochen,
bei schwacher Hitze 1 Stunde kochen.
2 Ein Spitzsieb mit einem Baumwolltuch
(Passiertuch) auskleiden, Grandjus passieren.

Verwendung
Zum Auffüllen von dunklen Fonds und für
die Herstellung von Glace de viande.

Saucenveredler – Glace de viande

1 EL Zucker

1½ l Grandjus

2 EL Balsamico

1 Den Zucker in einem Topf hellbraun karamellisieren, mit Grandjus und Balsamico
ablöschen, aufkochen, bei schwacher Hitze
sirupartig einkochen.
2 Glace de viande durch ein feines Sieb oder
Passiertuch (Baumwolltuch) passieren.

Verwendung
Zum Verfeinern von Saucen.

Hummerfond

1 EL Olivenöl

zerstoßene Karkassen von 2 Hummern

1 Rezeptmenge «weiße Matignon» für Fisch, Seite 24

1 Knoblauchzehe, gehackt

2 EL Tomatenpüree

2 Tomaten, geviertelt

2 dl/200 ml trockener Weißwein

2 l Geflügel- oder Fischfond, Seite 36 und 40

2 Thymianzweiglein

10 Koriandersamen

½ TL Fenchelsamen

5 Kümmelsamen

10 schwarze Pfefferkörner, zerstoßen

1 Einen Bräter im Ofen bei 180 °C erhitzen. Olivenöl zugeben und erhitzen, Hummer-karkassen 10 Minuten anbraten. Weiße Matignon, Knoblauch, Tomatenpüree und Tomaten beigeben, weitere 10 Minuten rösten, mit Weißwein schluckweise ablöschen, bis das Ganze eine schöne, braune Farbe hat.

2 Den Inhalt des Bräters in einen Topf umfüllen, mit dem Geflügel- oder Fischfond auffüllen. Gewürze zugeben, den Fond aufkochen, abschäumen, bei schwacher Hitze 90 Minuten köcheln.

3 Ein Spitzsieb mit einem Baumwolltuch (Passiertuch) auskleiden, Hummerfond passieren.

4 Hummerfond erneut aufkochen, bei schwacher Hitze auf 3 dl/300 ml einkochen.

Verwendung

Für Fisch- und Krustentiergerichte, als Basis von Cremesuppen aus pürierten Krustentieren (bisque). Zur Geschmacksverstärkung von Weißweinsaucen.

Orientalischer Gemüsefond

1 EL Olivenöl

Mirepoix

60 g Stangen-/Staudensellerie, 60 g Schalotten,

60 g Fenchel, 80 g Karotten und Pfälzer Rüben/Möhren,

½ roter Peperoni/Paprikaschote

5 Knoblauchzehen, 1 grüne Chilischote

300 g Tomaten, zerkleienrt

Je ½ EL Korianderkörner, Kreuzkümmelsamen,

Fenchelsamen, zerstoßen

1 TL Paprikapulver

2 l Wasser oder Gemüsefond, Seite 42

3 Kaffirlimettenblätter

2 EL Balsamico

1 Mirepoix zubereiten, Seite 27. Tomaten in Spalten schneiden.
2 Koriander, Kreuzkümmel und Fenchelsamen in einer Bratpfanne ohne Fett rösten, bis die Gewürze angenehm duften. Abkühlen lassen. Im Mörser zerstoßen.
3 Olivenöl in einem Topf erhitzen, Mirepoix anbraten. Tomaten zugeben, dünsten, bis die Flüssigkeit der Tomaten eingekocht ist. Gewürze und Paprikapulver zugeben, mit Wasser oder Gemüsefond auffüllen, 1 Stunde bei schwacher Hitze kochen, Kaffirlimettenblätter und Balsamico 10 Minuten vor Ende der Garzeit zugeben.
4 Gemüsefond mit leichtem Druck durch ein Sieb passieren.

Verwendung
Für Gemüseragouts, Pastasaucen, Couscous mit Gemüse.

Warme Saucen

Die weißen Saucen

Eine Weißweinsauce ist für jeden Koch eine Herausforderung. Im Vordergrund steht nicht die Zubereitung der Sauce als solche, sondern die Abstimmung auf das zu begleitende Produkt. Das zarte Fischfilet ist für ein wenig Säure offen. Das pochierte Maispoulardenbrüstchen liebt ein wenig Schärfe. Ein Lammragout oder ein weißes Kalbfleisch (Blanquette de veau) freut sich über Safran und Senf.

Fisch-Weißweinsauce 61

Schnittlauchsauce 64

Safransauce mit Gemüsestreifen 65

Kalbs- oder Geflügel-Weißweinsauce 66

Weißweinsauce im asiatischen Kleid 68

Die englische Weiße «Sir Stanley» 70

Béchamelsauce 72

Mornaysauce 74

Lauch-Champignon-Sauce 75

Rezepte
Pangasiusröllchen mit Gemüseperlen und Minzsauce 76

Seezungenröllchen mit fernöstlicher Gewürzmischung 78

Gebratene Felchen mit Lauchgemüse und Senfsauce 80

Fisch-Weißweinsauce

Fisch-Weißweinsauce

1 dl/100 ml Weißwein, z. B. Riesling

2 Schalotten, in feinen Ringen

5 weiße Pfefferkörner, zerstoßen

½ Zitronengrasstängel (nur das Herz), in feinen Scheiben

½ l Fischfond oder Fischfumet, Seite 36 und 38

20 g Mehlbutter (gleiche Menge Mehl und Butter verkneten)

1 Msp Cayennepfeffer

2 Zitronenschnitze, Saft

Salz

½ dl/50 ml Schlagrahm/-sahne, gekühlt

1 Weißwein mit Schalotten, Pfeffer und Zitronengras aufkochen, bei schwacher Hitze vollständig einkochen lassen.
2 Fischfond oder Fischfumet zur Reduktion geben, aufkochen, bei schwacher Hitze auf 1½ dl/150 ml einkochen lassen.
3 Mehlbutter krümelig zur Fischsauce geben, unter ständigem Rühren langsam zur gewünschten Konsistenz einkochen.
4 Fischsauce durch ein feines Sieb streichen.
5 Fischsauce aufkochen, mit Cayennepfeffer, Zitronensaft und Salz abrunden. Schlagrahm/-sahne unterziehen.

Verwendung
Grundsauce, zu pochiertem Fisch.

Schnittlauchsauce

2 Bund Schnittlauch, fein geschnitten

wenig abgezupfte glattblättrige

Petersilie

½ TL Fleur de Sel

50 g flüssige Butter

2 dl/200 ml Fisch-Weißweinsauce,

Seite 62

2 EL Schlagrahm/-sahne

1 Schnittlauch, Petersilie, Fleur de Sel
  und Butter fein pürieren.
2 Schnittlauchpüree mit der Fisch-Weißweinsauce unter Rühren aufkochen, Schlag-
  rahm/-sahne unterziehen. Nun nicht mehr
  kochen.

Verwendung
  Zu pochiertem Fisch, z. B. Lachs, Felchen
  oder Seezunge.

Safransauce mit Gemüsestreifen

1 Msp Safranpulver

einige Safranfäden

1 EL Weißwein

1 EL Orangen-Oliven-Öl oder

1 EL Olivenöl extra nativ

150 g gemischtes Gemüse von
Karotte, Pfälzer Rübe/Möhre
und Lauch (nur helle Teile)

2 dl/200 ml Fisch-
Weißweinsauce, Seite 62

2 EL Schlagrahm/-sahne

1 Karotte und Pfälzer Rübe/Möhre schälen,
in 4 bis 5 cm lange Stücke schneiden,
diese zuerst längs in feine Scheiben
und Scheiben in feine Streifen schneiden.
Lauch in 5 cm lange Stücke schneiden,
Stücke längs halbieren, die Hälften längs
in feine Streifen schneiden.

2 Safranpulver und Safranfäden mit dem
Weißwein beträufeln.

3 Orangen-Oliven-Öl in einer Saucenpfanne
erwärmen, die Gemüsestreifen zugeben und
weich dünsten, Safran unterrühren, auffüllen mit der Fisch-Weißweinsauce, Sauce
aufkochen, Schlagrahm/-sahne unterziehen.

Verwendung

Für Muschelgerichte, zu Seeteufel und
Plattfisch.

Kalbs- oder Geflügel-Weißweinsauce

1 EL Butter

2 Schalotten, fein geschnitten

4 weiße Champignons, geviertelt

1 kleiner Lauch, in feinen Ringen

1 EL Mehl

5 weiße Pfefferkörner, zerstoßen

1 Prise frisch geriebene Muskatnuss

1 dl/100 ml trockener Weißwein

½ l Kalbs- oder Geflügelfond, Seiten 39 und 40

1 Spross Stangen-/Staudensellerie

1 Frühlingszwiebel, längs halbiert

½ Fenchel, längs halbiert

½ dl/100 ml Rahm/Sahne

1 Msp Cayennepfeffer

1 TL Meersalz

2 Zitronenschnitze, Saft

1 Stangensellerie, Zwiebel und Fenchel zu einem Bouquet garni binden.

2 Butter in einer Saucenpfanne schmelzen, Schalotten, Champignons und Lauch andünsten, mit dem Mehl bestäuben, Pfeffer, Muskatnuss, Weißwein und Kalbs- oder Geflügelfond zugeben, aufkochen, Bouquet garni zugeben, Sauce bei schwacher Hitze 30 Minuten köcheln lassen. Rahm zugeben, nochmals 10 Minuten köcheln lassen. Bouquets garni entfernen.

3 Sauce durch ein Sieb passieren. Mit Pfeffer und Meersalz würzen, mit Zitronensaft abrunden.

Verwendung

Grundsauce für in der Brühe gekochtes weißes Fleisch (Kalbfleisch, Geflügelfleisch).

Weißweinsauce im asiatischen Kleid

1 cm Ingwer, geschält, klein gewürfelt

½ cm Kurkuma, klein gewürfelt

½ Baby-Ananas

½ grüne Chilischote, entkernt und klein gewürfelt

½ rote Chilischote, entkernt und klein gewürfelt

1 Limette, fein geriebene Schale und Saft

2 Thai-Schalotten, fein gewürfelt

1 dl/100 ml Kalbs- oder Geflügel-

Weißweinsauce, Seite 66

1 EL trocken geröstete weiße Sesamsamen

1 TL Palmzucker

1 Ananas schälen, Augen ausstechen, hartes Mittelteil entfernen, Frucht klein
   würfeln.
2 Gewürze, Ananas, Chilischoten, Limettenschale und -saft sowie Schalotten
   in einer Saucenpfanne trocken dünsten, mit der Kalbs- oder Geflügel-Weißweinsauce auffüllen, aufkochen. Sesamsamen und Palmzucker unterrühren.

Verwendung
Zu gebratenem Geflügel und gebratenem Kalbfleisch (A la minute-Fleisch)
servieren.

Variante
Fisch-Weißweinsauce, Seite 62, verwenden; zu gebratenen Fischfilets servieren.

Kurkuma
Asiatische Gewürzwurzel, die gerieben ein gelbes Pulver ergibt. Wird deshalb
auch Gelbwurz genannt. Die Wurzel duftet ähnlich wie Ingwer, ist aber
leicht bitter. Sie ist Bestandteil von Currymischungen und dient zum Würzen
von asiatischen Gerichten.

1 EL Butter

4 Schalotten, fein geschnitten

½ TL englisches Senfpulver

je 5 weiße und schwarze Pfefferkörner, zerstoßen

1 dl/100 ml Apfelsaft

2 dl/200 ml Geflügel-Weißweinsauce, Seite 66

½ fester rotbackiger Apfel, z. B. Gala, geschält, entkernt, gewürfelt

1 TL rosa Pfefferkörner, zerstoßen

2 EL Schlagrahm/-sahne

1 Butter in einer Saucenpfanne schmelzen, Schalotten andünsten, Senfpulver, schwarzen und weißen Pfeffer und Apfelsaft zugeben, aufkochen, auf die Hälfte einkochen lassen. Geflügel-Weißweinsauce zugeben, aufkochen. Pürieren.
2 Apfelwürfelchen und rosa Pfeffer unter die Sauce rühren, 3 Minuten köcheln. Mit Schlagrahm/-sahne verfeinern.

Verwendung
Zu weißgedünstetem Geflügel (siehe «Rund um die Sauce») oder zu Siedfleisch.

Henry Morton Stanley (1841–1904)
Britisch-amerikanischer Journalist, Afrikaforscher und Buchautor. Ist durch die Erschließung des Kongos bekannt bekannt geworden. Stanley liebte Speisen mit Senf.

Béchamelsauce

20 g Butter

2 EL Mehl

½ l Milch

1 mittelgroße Zwiebel

1 Lorbeerblatt

2 Gewürznelken

frisch gemahlener schwarzer Pfeffer nach Belieben

1 TL Meersalz

frisch geriebene Muskatnuss nach Belieben

2 EL Schlagrahm/-sahne

1 Zwiebel schälen und einschneiden, Lorbeerblatt einlegen, Nelke einstecken.
2 Butter in einer Saucenpfanne aufschäumen lassen, Mehl unterrühren und leicht rösten. Milch zugeben, unter ständigem Rühren aufkochen, bespickte Zwiebel zugeben, bei schwacher Hitze 15 Minuten köcheln lassen.
3 Béchamelsauce durch ein feines Sieb passieren.
4 Béchamelsauce mit Pfeffer, Salz und Muskatnuss würzen, Schlagrahm unterziehen.

Tipp
Wenn die Mehlschwitze (Roux) wie in diesem Rezept frisch zubereitet wird und heiß ist, muss kalte Milch verwendet werden, damit sich keine Klümpchen bilden können.

Verwendung
Für Gemüsegerichte.

Béchamel
Nach Louis de Béchamel benannt, einem neureichen Bankier, der sich den Titel eines Hofmeisters am Hof Ludwig XIV. erkauft hatte. Erfunden hat die Sauce einer der Hofköche. Das Rezept ist jedoch älter. In Italien war die Sauce im Mittelalter unter dem Namen «Balsamella» bekannt.

Mornaysauce

2 Eigelbe von Freilandeiern

2 EL Schlagrahm/-sahne

1½ dl/150 ml Béchamelsauce, Seite 72

100 g geriebener Sbrinz oder Parmesan

(2 Jahre alt)

1 Eigelbe mit dem Schlagrahm verrühren.

2 Eigelbmasse mit dem geriebenen Käse unter die warme Béchamelsauce rühren.

Verwendung

Zum Überbacken von gekochtem Gemüse, wie Blumenkohl, Karotten, Schwarzwurzeln, weißer Spargel, Kohlrabi.

Mornay

Die Käsesauce wurde oft mit Philippe de Mornay in Verbindung gebracht. Er war von 1549–1623 französischer Staatsmann und galt als sehr verfressen.

Lauch-Champignon-Sauce

1 TL Olivenöl extra nativ

1 mittelgroßer Lauch

100 g weiße Champignons, geviertelt

½ dl/50 ml Weißwein, z. B. Chardonnay

2 dl/200 ml Béchamelsauce, Seite 72

Kräutersalz nach Belieben

frisch gemahlener Pfeffer nach Belieben

1 Bund Schnittlauch, fein geschnitten

1 Grobfasrige Teile beim Lauch entfernen,
   Stange längs vierteln, Viertel quer in feine
   Streifen schneiden.
2 Olivenöl in einer Saucenpfanne erwärmen.
   Lauch und Champignons 5 Minuten
   dünsten, Weißwein zugeben, einkochen
   lassen. Béchamelsauce zugeben, aufkochen.
   Würzen. Schnittlauch unterrühren.

Verwendung

Zu Gemüseburgern/-puffern, zu gekochtem
Gemüse.

Pangasiusröllchen mit Gemüseperlen und Minzsauce

Mahlzeit

2 Pangasius- oder Goldbuttfilets

1 Bund Minze, abgezupfte Blätter

1 unbehandelte Zitrone, abgeriebene
Schale

1 EL Fleur de Sel

1 Eiweiß von einem Freilandei

150 g Kräuterfrischkäse mit Pfeffer

2 EL Weißbrotbrösel (Mie de pain)

1 dl/100 ml Fischfond, Seite 36

½ dl/50 ml Weißwein

1 Schalotte, fein gehackt

1 EL Butter

2 große Karotten

2 große Pfälzer Rüben/Möhren

8 Cherrytomaten

Minzsauce

½ dl/50 ml Fischfond von
den Fischröllchen

1 TL Mehlbutter (halb Mehl/halb Butter
verkneten)

1 Zweiglein Minze

1 TL grüne Pfefferkörner, zerstoßen

½ TL Kräutermeersalz

1 EL Minzlikör

½ dl/50 ml Schlagrahm/-sahne

Krause Minze für die Garnitur

1 Das Eiweiß verquirlen, mit Kräuterfrischkäse und Mie de pain gut vermengen.

2 Kleinere Minzeblätter hacken, mit abgeriebener Zitronenschale und Fleur de Sel mischen, die Fischfilets damit würzen, mit den restlichen Minzeblättern belegen, Frischkäse darauf verstreichen, einrollen, mit einem Zahnstocher fixieren.

3 Tomaten vierteln und «Kerngehäuse» entfernen. Karotten und Rüben schälen, im Dampf 5 bis 8 Minuten knackig garen. Gemüseperlen ausstechen, Gemüseperlen und Tomaten vor dem Servieren in der Butter erwärmen, mit Kräutersalz und Pfeffer würzen.

4 Backofen auf 150 °C vorheizen.

5 In einer weiten Pfanne Fischfond mit Weißwein und Schalotten aufkochen, Fischröllchen in den Fond legen, zudecken. Auf mittlerer Schiene in den Ofen schieben, bei 150 °C 10 Minuten pochieren. Fischröllchen aus dem Fond nehmen, auf einen Teller legen, zudecken, bei 80 °C warm halten.

6 Fischfond durch ein feines Sieb in eine Saucenpfanne passieren und bei schwacher Hitze auf die Hälfte einkochen, Mehlbutter krümelig dazugeben und unterrühren, bei schwacher Hitze 5 Minuten köcheln lassen, mit ganzen Minzeblättern, grünen Pfefferkörnern und Kräutersalz würzen. Vor dem Servieren Minzlikör und Schlagrahm unterrühren.

7 Die Minzsauce auf Teller verteilen. Fischröllchen dritteln und auf die Sauce legen, mit dem Gemüse und der krausen Minze garnieren.

Minzlikör

Zuerst einen Minzsirup zubereiten: Blättchen von 50 g Englischer Minze oder echter Minze/Pfefferminze von den Stielen zupfen und mit 500 g Zucker mischen. 2½ dl/250 ml Wasser aufkochen, über den Minze-Zucker gießen, rühren. Mindestens 24 Stunden zugedeckt ziehen lassen. Sirup durch ein feines Sieb passieren. Zum Haltbarmachen den Minzsirup erhitzen, in Flaschen mit Schraubverschluss füllen. Oder für Likör 1 dl/100 ml dunklen Rum zum passierten Sirup geben, erhitzen, 4 Tage ziehen lassen. In eine Flasche mit Schraubverschluss füllen.

Seezungenröllchen mit fernöstlicher Gewürzmischung

Mahlzeit

Gewürzmischung

10 Bockshornkleesamen

6 rosa Pfefferkörner

6 Fenchelsamen

1 TL Koriandersamen

1 Sternaniszacke

1 TL Meersalz

8 Seezungenfilets, je 60 g

8 Wirz-/Wirsingblätter

Kräutermeersalz

frisch gemahlener schwarzer Pfeffer

2 Spross Stangen-/Staudensellerie

2 Frühlingszwiebeln

1 Apfel, z. B. Boskoop

1 EL milde Currymischung

½ dl/50 ml Fischfond, Seite 36

½ dl/50 ml Apfelfond, Seite 43

½ dl/50 ml Rahm/Sahne

1 Zutaten für die Gewürzmischung mit dem Meersalz im Mörser zerstoßen.

2 Seezungenfilets mit einer Messerklinge flach klopfen, auf der Hautseite (dunkle Seite) mit der Gewürzmischung einreiben.

3 Wirzblätter in Streifchen schneiden, im Dampf etwa 5 Minuten garen, mit Kräutersalz und Pfeffer würzen. Auf die Fischfilets verteilen, aufrollen, mit Holzspießchen fixieren. Kalt stellen.

4 Backofen auf 120 °C vorheizen.

5 Stangensellerie und Zwiebeln klein würfeln/ hacken. Apfel schälen, vierteln, entkernen, klein würfeln. Gemüse- und Apfelwürfelchen mit Currymischung, Fischfond und Apfelfond in einer Bratpfanne erhitzen, Fischröllchen hineinlegen, im Ofen zugedeckt bei 120 °C 10 Minuten garen.

6 Backofentemperatur auf 60 °C zurückschalten. Seezungenröllchen auf eine Platte legen und im Ofen warm halten.

7 Gemüse-Fisch-Fond auf die Hälfte einkochen, mit dem Rahm verfeinern, eventuell nachwürzen.

8 Sauce auf Teller verteilen. Fischröllchen halbieren und auf der Sauce anrichten.

Tipps

Mit Trockenreis servieren. Anstelle der teuren Seezunge kann auch Scholle verwendet werden.

Gebratene Felchen mit Lauchgemüse und Senfsauce

Mahlzeit

8 kleine Felchen (Albeli), küchenfertig
vorbereitet

2 EL Gewürzsalz für Fisch

2 EL Mehl

2 EL Bratbutter/Butterschmalz

2 Bund glattblättrige Petersilie

Gewürzsalz für Fisch (scharf)

3 Kaffernlimettenblätter

wenig Zitronengrasstängel (Herz),
fein geschnitten

2 TL Koriandersamen

wenig frische rote Chilischote,
fein geschnitten

2 EL Meersalz

Kartoffeln mit Gemüse

2 EL Bratbutter/Butterschmalz

4 fest kochende Kartoffeln

8 weiße Champignons

1 mittelgroßer Lauch

½ TL Meersalz

frisch gemahlener schwarzer Pfeffer

1 Prise gemahlene Muskatnuss

Senfsauce

1 dl/100 ml Fischfond, Seite 36

3 weiße Pfefferkörner, zerstoßen

½ TL getrocknete Dillspitzen

1 EL weiße Senfkörner, zerstoßen

6 EL saurer Halbrahm/saure Sahne

Kräutermeersalz, 1 Prise Zucker

1 Eine Platte im Ofen bei 80 °C vorwärmen.

2 Für das Gewürzsalz alle Zutaten im Mörser zerstoßen oder im Cutter zerkleinern.

3 Für die Sauce den Fischfond mit Pfefferkörnern und Dillspitzen aufkochen, auf 3 EL einkochen, durch ein feines Sieb passieren. Senfkörner zugeben. Fischfond vor dem Servieren unter Rühren mit dem Sauerrahm erhitzen, mit wenig Kräutersalz und Zucker würzen.

4 Felchen mit dem Gewürzsalz einreiben und mit dem Mehl bestäuben. In einer beschichteten Bratpfanne 1 EL Bratbutter bei mittlerer Hitze erwärmen. 4 Felchen mit der Hälfte der Petersilie in die Pfanne geben, auf beiden Seiten braten, Fische auf die vorgewärmte Platte legen, im Ofen warm halten. Restliche Felchen ebenfalls braten.

5 Kartoffeln schälen, in 1 cm große Würfelchen schneiden. Pilze in Scheiben schneiden. Beim Lauch grobfasrige Teile entfernen, längs halbieren, quer in Streifen schneiden. Bratbutter in der Fischpfanne erwärmen, Kartoffelwürfelchen darin goldbraun braten. Pilze und Lauch zufügen, 3 Minuten mitbraten, würzen mit Salz, Pfeffer und Muskatnuss.

6 Senfsauce auf vorgewärmte Teller verteilen. Je 2 Felchen auf die Sauce legen, Kartoffeln mit Gemüse dazugeben.

Die dunklen Saucen

Der dunkle, kräftig gelierende Fond wird als Basis für eine braune Sauce verwendet. Schon Escoffier hatte die Vielseitigkeit dieses Fonds erkannt und daraus weit über 100 Ableitungen kreiert, die in seinem Kochwerk nachgeschlagen werden können. Sein Buch war während Jahrzehnten die Bibel der Saucen-Köche schlechthin.

Auguste Escoffier (1846–1935)
Französischer Meisterkoch. Er hat die Küche revolutioniert, das heißt den Startschuss für eine neuzeitliche Küche gegeben und gleichzeitig die dafür notwendigen Strukturen geschaffen, bezüglich Menu- und Rezeptaufbau.

Demiglace **83**
Balsamicosauce mit Dörrtomaten **86**
Rotweinsauce «Marchand de Vin» **87**
Orangensauce mit Petersilienwurzel und Rosmarin **88**
Wildrahmsauce mit Pilzen **89**
Champignon-Tomaten-Sauce mit Noilly Prat **90**
Wildsauce **92**

Rezepte
Geflügelröllchen auf Zucchinigemüse mit Kaffee-Koriander-Sauce **94**
Glasierte Entenbrust mit Orangen **96**
Rehhaxe mit Holundersauce **98**
Poelierte Fasanenbrust mit Pak-Choi und Ingwerjus **100**
Lammkarree mit Bohnen-Tomaten-Jus und Sesamkartoffeln **102**

Demiglace

Demiglace

1 EL Erdnussöl

30 g Speck oder Abschnitte von Rohschinken, gewürfelt

1 Rezeptmenge «Mirepoix» für dunklen Kalbsfond, Seite 27

1 TL Tomatenpüree

½ l dunkler Kalbsfond, Seite 46

1 TL Stärkemehl, z. B. Tapioka

2 dl/200 ml Rotwein

½ EL Fleur de Sel

1 EL gekühlte Butterwürfelchen

1 Öl in einem Topf bei mittlerer Temperatur erhitzen, Speck und Mirepoix zugeben und unter Rühren 10 Minuten dünsten, Tomatenpüree unterrühren, weiterdünsten, bis es sich bräunlich verfärbt, mit dem Kalbsfond ablöschen, aufkochen, bei schwacher Hitze 20 Minuten köcheln.

2 Ein Spitzsieb mit einem Baumwolltuch (Passiertuch) auskleiden.

3 Saucenpfanne auswaschen. Demiglace zurück in die Pfanne geben, aufkochen und eventuell entfetten (siehe Kapitel «Rund um die Sauce»).

4 Stärkemehl mit Rotwein glattrühren, unter die Demiglace rühren, mit Fleur de Sel würzen, 2 Minuten köcheln.

5 Heiße Demiglace vor dem Servieren mit den kalten Butterstückchen aufschlagen, nicht mehr kochen.

Variante

Für eine Demiglace eignen sich alle dunklen Fonds.

Verwendung

Die Grundsauce kann fast beliebig für Ableitungen verwendet werden. Für Ragouts, Braten usw.

Weshalb wird die Demiglace gebunden?

Damit die feinen Aromen nicht fliehen können.

Balsamicosauce mit Dörrtomaten

1 EL Zucker

5 Szechuanpfefferkörner

8 grüne Pfefferkörner

5 weiße Pfefferkörner

5 rosa Pfefferkörner

4 EL guter Balsamico

2 dl/200 ml Demiglace, Seite 84

3 EL Olivenöl extra nativ

8 Dörrtomatenhälften, klein gewürfelt

1 Thymianzweiglein, Blättchen abgezupft

1 Alle Pfefferkörner im Mörser zerstoßen.
2 Zucker in der Saucenpfanne hellbraun karamellisieren, Pfeffer beigeben und kurz karamellisieren, mit Balsamico und Demiglace ablöschen, aufkochen, Sauce bei schwacher Hitze auf 1 dl/100 ml einkochen.
3 Balsamicosauce mit dem Olivenöl aufmixen, Dörrtomatenwürfelchen unterrühren, mit Thymianblättchen abschmecken.

Verwendung

Zu Lammrücken, Kalbsmilken/-bries oder kurz gebratenem Kaninchenfleisch.

Rotweinsauce «Marchand de Vin»

1 Schalotten fein hacken.

2 Schalotten, bestecktes Lorbeerblatt und Chili mit wenig Rotwein in der Saucen-pfanne aufkochen, Rotwein immer wieder bei schwacher Hitze einkochen lassen und schluckweise ergänzen. Am Schluss sollte man 1 dl/100 ml Sauce haben. Demiglace zugeben. bei schwacher Hitze auf 1 dl/100 ml einkochen. Lorbeer-blatt entfernen.

3 Rotweinsauce mit Blütenhonig abrunden, mit den Butterwürfelchen aufmixen. Sauce nicht mehr kochen.

Verwendung

Zu gebratenem und gegrilltem Rindfleisch.

Tipp

Das schluckweise Zugeben des Rotweins hat den Vorteil, dass er schneller einkocht und das Weinaroma besser erhalten bleibt.

Welcher Rotwein?

Für dunklen Kalbsfond sollte ein möglichst kräftiger (dunkler) Rotwein verwendet werden. Dieser muss nicht von exzellenter Qualität sein, da er für die Farbe gebraucht wird.

Bei den Ableitungen der Demiglace sollte es ein sehr guter Rotwein sein, denn hier muss der Wein der Sauce die nötige Spannung und Kraft geben. Ich verwende oft den gleichen Wein, der später auch zum Essen serviert wird.

4 Schalotten

1 Lorbeerblatt, mit 1 Gewürznelke besteckt

1 Prise getrockneter Chili

3 dl/300 ml sehr guter, kräftiger Rotwein

2 dl/200 ml Demiglace, Seite 84

1 TL Blütenhonig

1 EL gekühlte Butterwürfelchen

Orangensauce <small>mit Petersilienwurzel und Rosmarin</small>

1 unbehandelte Orange

2 Würfelzucker zum Abreiben

1 Petersilienwurzel, geschält und
klein gewürfelt

½ rote Chilischote, entkernt und gehackt

2 dl/200 ml Demiglace, Seite 84

2 EL Orangen-Oliven-Öl zum Aufmixen
oder 2 EL Olivenöl extra nativ

1 Rosmarinzweig, Nadeln abgestreift
und gehackt

1 Orange heiß abwaschen und trocknen.
Die Schale von ¼ Orange mit dem Ziseliermesser abschälen. Die restliche Schale
mit den Würfelzuckern abreiben, bis der
Zucker orange ist. Orange halbieren
und auspressen.

2 Orangensaft mit Würfelzucker in einer
Saucenpfanne zu Sirup einkochen.
Petersilienwurzel und Chilischote zugeben,
mit Demiglace ablöschen, 10 Minuten
bei mittlerer Hitze kochen.

3 Orangensauce und Orangen-Oliven-Öl aufmixen, Orangenschalenstreifchen und
Rosmarin unterrühren.

Verwendung

Zu gebratener Entenbrust, Gans und kurz
gebratenem Lamm.

Tipp

Zitrusfruchtschalen nur dünn abschälen/
abreiben. Die darunterliegende weiße
Haut ist bitter und würde den Geschmack
der Sauce negativ verändern.

Wildrahmsauce mit Pilzen

1 EL Olivenöl extra nativ

   200 g geputzte Eierschwämmchen/Pfifferlinge,

    je nach Größe zerkleinert

    2 Thymianzweiglein, abgezupfte Blättchen

    ½ dl/50 ml Weißwein

    1 dl/100 ml Wildfond, Seite 48

    ½ dl/50 ml Rahm/Sahne

    ½ Bund glattblättrige Petersilie, Blättchen

von den Stielen gezupft und gehackt

1 Olivenöl in der Saucenpfanne erhitzen, Pilze und Thymian 2 Minuten dünsten, mit dem Weißwein ablöschen, aufkochen.
2 Pfanneninhalt in ein Sieb geben, Fond auffangen, zurück in die Saucenpfanne geben. Wildfond und Rahm zum Pilzfond geben, aufkochen, Sauce bei schwacher Hitze auf die gewünschte Konsistenz einkochen. Pilze wieder zur Sauce geben, nochmals aufkochen, Petersilie unterrühren.

Verwendung

Zu kurz gebratenem Rehfleisch (Schnitzel, Geschnetzeltes/Streifen).

Champignon-Tomaten-Sauce mit Noilly Prat

½ dl/50 ml Rahm/Sahne

4 große Champignons, klein gewürfelt

30 g Lauch (nur helle Teile), klein gewürfelt

2 EL Noilly Prat oder weißer Portwein

2 dl/200 ml Demiglace, Seite 84

1 Tomate

1 Basilikumzweig

schwarzer Pfeffer

1 Tomate schälen (siehe Kaptiel «Rund um die Sauce»), vierteln, Stielansatz und gallertartige Masse mit Kernen entfernen, Fruchtfleisch klein würfeln.
2 Rahm steif schlagen, 2 Esslöffel in den Kühlschrank stellen.
3 Champignons, Lauch und Noilly Prat in eine Saucenpfanne geben und dämpfen, Schlagrahm und Demiglace unterrühren, aufkochen, bei schwacher Hitze 10 Minuten köcheln.
4 Basilikum von den Stielen zupfen und in möglichst feine Streifchen schneiden.
5 Tomatenwürfelchen und Basilikum unter die Champignon-Tomaten-Sauce rühren, restlichen Schlagrahm unterrühren, mit schwarzem Pfeffer abschmecken.

Verwendung

Zu kurz gebratenem Kalbfleisch und gebratenem weißem Geflügelfleisch.

Saucen und Spirituosen

Die kräftige Demiglace lässt sich gut mit Spirituosen veredeln. Sie sollten aber so dosiert werden, dass ihr kräftiger Geschmack die feine Nuance einer Sauce nicht zudeckt oder zerstört.
Süßer Wermut, Portwein und Süßwein sind Geschmacksträger und runden eine Sauce ab.

Wildsauce

100 g frische Steinpilze oder

10 g getrocknete Steinpilze, in wenig Wasser eingeweicht

4 braune Champignons, gewürfelt

1 dl/100 ml Portwein

2 Schalotten, gehackt

½ Apfel, geschält, entkernt, gewürfelt

8 getrocknete Cranberries

2 dl/200 ml dunkler Wildfond, Seite 48

Kräutersalz

½ TL getrocknete zerstoßene Chilischote

1 unbehandelte Orange, Schalenstreifchen von ¼ Frucht

1 EL gekühlte Butterstückchen

1 Frische Steinpilze mit einem trockenen Tuch abreiben, in Streifen schneiden. Getrocknete Steinpilze ausdrücken und in Streifen schneiden.

2 Pilze, Portwein, Schalotten, Apfel und Cranberries in einer Saucenpfanne aufkochen, Flüssigkeit bei schwacher Hitze einkochen lassen. Wildfond zugeben, aufkochen, bei schwacher Hitze auf die Hälfte einkochen lassen.

3 Wildsauce durch ein feines Sieb drücken. Nochmals aufkochen, mit Chili, Orangenschale und Kräutersalz würzen. Butterstückchen zur kochenden Sauce geben, aufmixen, nicht mehr kochen.

Verwendung
Zu gebratenem und geschmortem Wildfleisch.

Variante
Cranberries durch Preiselbeeren ersetzen, zusätzlich 2–3 klein gewürfelte Dörrpflaumen zugeben. Fertige Wildsauce mit Calvados und Cognac veredeln.

Geflügelröllchen auf Zucchinigemüse, mit Kaffee-Koriander-Sauce

Mahlzeit

2 Poulet-/Hähnchenbrüstchen,
je 160–180 g

10 entsteinte schwarze Oliven

80 g Dörrtomaten

1 Bund Genoveser Basilikum, entstielt,
fein geschnitten

4 EL geriebener Pecorino

frisch gemahlener schwarzer Pfeffer

2 dl/200 ml dunkler Geflügelfond, Seite 50

2 Zucchini

Kräutermeersalz

frisch gemahlener Pfeffer

Olivenöl extra nativ

1 kleine rote Zwiebel

Kaffee-Koriander-Sauce

2 dl/200 ml dunkler Geflügelfond, Seite 50

1 EL Koriandersamen, zerstoßen

1 TL Pfefferkörner, zerstoßen

1 unbehandelte Orange, einige Zesten

1 EL Kaffeepulver

1 Schalotte, fein gehackt

1 EL Knollenselleriewürfelchen (Brunoise)

1 dl/100 ml Rahm/Sahne

Cayennepfeffer

Basilikum für die Garnitur

1 Brustfilets von den Pouletbrüstchen ablösen. Brüstchen längs aufschneiden, sodass ein Rechteck entsteht. Zwei Klarsichtfolien mit Salz und Pfeffer bestreuen, aufgeschnittene Brüstchen darauflegen.

2 Oliven und Dörrtomaten hacken, mit Basilikumstreifchen und Pecorino mischen, würzen mit Pfeffer. Auf die Pouletbrüstchen streichen. Brustfilets in die Mitte legen. Mit Hilfe der Folie die Brüstchen satt einrollen. Die Folie an beiden Enden fest zubinden. Geflügelfond aufkochen, Pouletröllchen in den Fond legen, auf der ausgeschalteten Wärmequelle zugedeckt 20 Minuten ziehen lassen. Die Röllchen dürfen nicht kochen.

3 Für die Sauce Geflügelfond, Koriander, Pfeffer und Orangenzesten 5 Minuten bei mittlerer Hitze kochen. Kaffee in einen Filter geben, mit dem Geflügelfond anbrühen. Geflügelkaffee mit Schalotten und Selleriewürfelchen auf die Hälfte einkochen lassen, Rahm zufügen, köcheln lassen, bis die Sauce bindet, mit Cayennepfeffer abrunden, eventuell mit Kräutersalz nachwürzen.

4 Zucchini ungeschält in Scheiben, dann in 3 mm dicke Stäbchen schneiden, im Dampf kurz garen, mit Salz und Pfeffer würzen, mit Olivenöl marinieren. Zwiebel in Streifen schneiden, unter die Zucchini mischen.

5 Pouletbrüstchen in 8 Scheiben schneiden. Mit der Sauce auf vorgewärmte Teller einen Spiegel gießen, Zucchini darauf verteilen, Pouletröllchen darauflegen, mit Basilikum garnieren.

Glasierte Entenbrust mit Orangen

Mahlzeit

Entenbrust

2 EL Olivenöl extra nativ

2 Entenbrüste

1 EL Koriandersamen, zerstoßen

1 unbehandelte Orange,
abgeriebene Schale

1 unbehandelte Orange, mit Schale
geviertelt und entkernt, Viertel
quer in Stücke geschnitten

1 EL gehackte Rosmarinnadeln

1 Sträußchen Thymian

frisch gemahlener
schwarzer Pfeffer

3 EL Feigen-Balsamico

2 TL Akazienblütenhonig

Orangen-Balsam-Jus

2 unbehandelte Orangen

4 Würfelzucker

1 Schalotte, fein gehackt

3 EL Feigen-Balsamico

½ TL Pfefferkörner, zerstoßen

2 dl/200 ml dunkler
Geflügelfond, Seite 50

50 g kalte Butterstückchen

1 TL Feigen-Balsamico

1 Prise Cayennepfeffer

1 Für die Entenbrüste Koriander, Orangenschale, Rosmarin und 1 EL Feigen-Balsamico verrühren. Mit einem scharfen Messer in die Fettschicht (nicht in das Fleisch) der Entenbrüste feine Rauten schneiden. Brüstchen mit der Marinade beidseitig einreiben. Bei Raumtemperatur 1 Stunde zugedeckt marinieren.

2 Backofen mit einem Bräter auf 75 °C aufheizen.

3 Olivenöl in einer Bratpfanne erhitzen, Entenbrüstchen auf Fettseite 3 Minuten bei mittlerer Temperatur braten, wenden, mit Thymian und Orangenstückchen auf der anderen Seite 2 Minuten braten. Entenbrüstchen mit Fettseite oben in den Bräter legen, Orangenstückchen dazugeben. Im vorgeheizten Ofen bei 75 °C 30 Minuten niedergaren.

4 Für die Sauce die beiden Orangen 2 Minuten in heißes Wasser legen, trocknen. Schale einer Frucht mit dem Ziseliermesser abziehen, im kochenden Wasser kurz blanchieren, abgießen. Würfelzucker an der 2. Orange reiben, bis der Zucker orange ist. Beide Orangen auspressen. Würfelzucker in einer Saucenpfanne schwach karamellisieren, Schalotten darin andünsten, mit Orangensaft und Feigen-Balsamico ablöschen, Pfefferkörner zugeben, Flüssigkeit bei schwacher Hitze auf ½ dl/50 ml einkochen lassen. Mit dem Geflügelfond auffüllen, bei mittlerer Hitze auf ¾ dl/75 ml einkochen lassen. Sauce durch ein feines Sieb passieren. Vor dem Servieren blanchierte Orangenschalenstreifchen unterrühren, Sauce aufkochen. Butterstückchen einzeln unterrühren, die Sauce darf nun nicht mehr kochen, mit Feigen-Balsamico und Cayennepfeffer abrunden.

5 Backofengrill auf 250 °C aufheizen.

6 Akazienblütenhonig mit dem restlichen Feigen-Balsamico verrühren, Entenbrüstchen damit auf der Fettseite einstreichen. Unter dem Grill glacieren. Fleisch bei Raumtemperatur 2 Minuten stehen lassen, portionieren.

Mahlzeit

4 Rehhaxen

1 EL Bratbutter/Butterschmalz

Meersalz

4 Schalotten

Rotweinmarinade, siehe unten

100 g Holunderbeeren

1 dl/100 ml Wildfond, Seite 48

Rotweinmarinade

2 dl/200 ml kräftiger Rotwein

1 EL gehackte Rosmarinnadeln

je 4 Piment- und Nelkenpfeffer-
körner, zerstoßen

100 g Holunderbeerkompott

1 TL Zitronenpfeffer

½ dl/50 ml Himbeeressig

Holunderbeerkompott

1 kg Holunderbeerdolden

½ l Apfelsaft

200 g Zucker

50 g getrocknete Apfelringe,
klein gewürfelt

1 Chilischote, aufgeschnitten,
entkernt

1 TL Agar-Agar-Pulver
(Reformhaus/Bioladen)

4 Steinpilze

Meersalz

1 Paket Chapati (im India-Laden
erhältlich)

1 Für das Holunderbeerkompott Beerendolden unter fließendem Wasser waschen, Beeren von den Stielen zupfen. Beeren, Apfelsaft, Zucker, getrocknete Äpfelringe und Chilischote in einem großen Kochtopf aufkochen, bei schwacher Hitze 15 Minuten kochen. Agar-Agar-Pulver mit wenig kaltem Wasser anrühren, unter das Kompott rühren, bei schwacher Hitze 5 Minuten kochen. Das Kompott kochendheiß in Gläser mit Schraubverschluss füllen, sofort verschließen.

2 Backofen auf 180 °C vorheizen.

3 Alle Zutaten für die Rotweinmarinade aufkochen, heiß über die Rehhaxen gießen. Bei Zimmertemperatur zugedeckt 2 Stunden marinieren.

4 Haxen aus der Marinade nehmen, mit Küchenpapier trocken tupfen, salzen. Bratbutter in einer Bratpfanne erhitzen, Rehhaxen anbraten, Schalotten zufügen und kurz mitbraten. Haxen mit Schalotten in einen Schmortopf geben. Bratfett abgießen. Rotweinmarinade zufügen und aufkochen, Bratsatz auflösen, über die Haxen gießen. Holunderbeeren und Wildfond zufügen, Haxen im Ofen zugedeckt bei 180 °C rund 60 Minuten schmoren. Aus der Sauce nehmen.

5 Sauce in ein Saucenpfännchen gießen, bei schwacher Hitze auf 2 dl/200 ml einkochen lassen.

6 Steinpilze längs halbieren, auf dem Grill Farbe annehmen lassen.

7 Eine beschichtete Bratpfanne aufheizen, Chapati beidseitig braten, bis sie Blasen werfen.

8 Rehhaxen mit Sauce und Steinpilzen anrichten. Chapati dazulegen.

Mahlzeit

4 Fasanenbrüste ohne Flugknochen

1 TL frisch geriebener Ingwer

½ TL gemahlener Koriander

2 Schalotten, gehackt

12 feine Ingwerscheiben

1 EL Butter

1 dl/100 ml Weißwein

1 dl/100 ml Wildgeflügelfond, Seite 51

1 EL Olivenöl extra nativ

8 Cherrytomaten, halbiert

1 kleiner Pak-Choi

1 EL Sojasauce

Kräutermeersalz

schwarzer Pfeffer

1 EL Sherry

1 TL Maisstärke

1 Fasanenbrüstchen mit Ingwer und Koriander einreiben, längs einrollen und mit Küchenfaden binden.

2 Backofen 150 °C vorheizen.

3 Schalotten und sechs Ingwerscheiben in der Butter in einer Saucenpfanne gut andünsten. Fasanenbrüstchen in die Pfanne legen, Weißwein darübergießen. Zugedeckt in der Mitte in den Backofen schieben, bei 150 °C weichdünsten (poelieren). Das Fleisch aus der Pfanne nehmen, im ausgeschalteten Ofen warm stellen.

4 Den Fond durch ein feines Sieb passieren, mit dem Wildgeflügelfond auf 1 dl/100 ml einkochen.

5 Olivenöl in einer Bratpfanne erhitzen, Cherrytomaten mit der Schnittfläche unten in die Pfanne legen, ein wenig Farbe annehmen lassen, warm stellen. Geputzten, in die einzelnen Blätter zerlegten Pak-Choi und restlichen Ingwer in die Bratpfanne geben, würzen, mit dem Geflügelfond ablöschen, 2 Minuten zugedeckt köcheln. Maisstärke mit Sherry glattrühren, unter das Gemüse rühren, nochmals erhitzen. Fasanenbrüstchen und Tomaten zufügen, auf der ausgeschalteten Wärmequelle zugedeckt etwa 2 Minuten ziehen lassen.

6 Fasanenbrüstchen portionieren, zusammen mit dem Gemüse anrichten.

Tipp

Mit gebratenem Weizengrieß servieren.

Variante

Fasanen- durch Perlhuhnbrust ersetzen.

Mahlzeit

Lammkarree

½ TL Bockshornkleesamen

½ TL Kreuzkümmelsamen

½ TL weiße Sesamsamen

½ TL Anissamen

1 TL Koriandersamen

600 g Lammkarree

200 g zarte grüne Bohnen

1 EL Olivenöl extra nativ

1 EL Meersalz

1 dl/100 ml Weißwein

2 Tomaten, geschält,

gallertartige Masse entfernt

(«Kerngehäuse» aufbewahren),

in Streifen

1 Schalotte, fein gehackt

1 dl/100 ml Lamm- oder

Kalbsfond, Seite 46 und 51

frisch gemahlener schwarzer Pfeffer

Kräutermeersalz

Sesamkartoffeln

2 EL Olivenöl extra nativ

3 EL weiße Sesamsamen

1 EL Meersalz

400 g kleine neue Kartoffeln

1 Für das Fleisch alle Gewürze im Mörser zerstoßen. Das Lammkarree damit einreiben. Über Nacht zugedeckt im Kühlschrank marinieren.

2 Bei den Bohnen Stielansatz abknipsen, in 3 cm lange Stücke schneiden, im Dampf knackig garen, unter kaltem Wasser abschrecken.

3 Backofen auf 180 °C vorheizen.

4 Olivenöl in einer Bratpfanne erhitzen, das Lammkarree allseitig anbraten, salzen, in den Backofen schieben und bei 180 °C 10 Minuten fertigbraten. Das Fleisch aus dem Ofen nehmen, in Folie einpacken und ruhen lassen.

5 Bratfett abgießen, Pfanne mit Küchenpapier ausreiben. Weißwein in die Pfanne geben, aufkochen, Bratsatz auflösen, «Kerngehäuse» der Tomaten und Schalotten zugeben, Flüssigkeit fast einkochen lassen, Lammfond beigeben, auf die Hälfte einkochen. Sauce durch ein feines Sieb in eine kleine Saucenpfanne passieren. Bohnen vor dem Servieren darin erwärmen, am Schluss Tomatenstreifen unterrühren. Nach Belieben mit schwarzem Pfeffer und Kräutersalz würzen.

6 Für die Sesamkartoffeln Backofen auf 220 °C vorheizen. Öl auf das Backblech verteilen. Sesamsamen mit dem Salz mischen. Kartoffeln längs halbieren, mit der Schnittfläche nach unten in die Sesamsamen drücken, auf das Blech legen, bei 220 °C etwa 10 Minuten backen, bis die Kartoffeln weich sind. Etwa 5 Minuten vor Ende der Garzeit das Lammkarree aus der Folie nehmen und auf den Sesamkartoffeln 5 Minuten erwärmen.

7 Lammkarree portionieren, auf vorgewärmten Tellern anrichten, Kartoffeln und Bohnen dazulegen, mit dem Tomatenjus zeichnen.

Die Tomatensaucen

Pasta ohne Tomatensauce ist unvorstellbar. Für eine gute Sauce darf man bei den Zutaten nicht geizen, das heißt man braucht gut reife Tomaten, bestes Olivenöl, frische Kräuter und eine Prise südliche Gelassenheit.

Klassische Tomatensauce **105**

Concassés de tomates **108**

Tomatencoulis **109**

Tomatencoulis provençale **110**

Tomatencoulis «Asia» **111**

Klassische Tomatensauce

Klassische Tomatensauce

4 EL Olivenöl extra nativ

1 mittelgroße Zwiebel, gehackt

4 Knoblauchzehen, gehackt

120 g Karotten, geschält, gewürfelt

50 g Knollensellerie, geschält, gewürfelt

1 Schweinshaxe oder 2 Schweinerippen

2 EL Tomatenpüree

½ dl/50 ml Rotwein, z. B. Nebbiolo

1 kg gut reife Flaschentomaten (Peretti)

je 1 Bund Basilikum und glattblättrige Petersilie,
Blättchen von den Stielen gezupft und grob gehackt

frisch gemahlener
schwarzer Pfeffer

Kräutermeersalz

1 TL Honig

1 Stielansatz der Tomaten mit einem spitzen Messer ausstechen, Tomaten achteln.
2 Olivenöl in einem Topf erhitzen, Zwiebeln, Knoblauch, Karotten und Sellerie andünsten, Fleisch zugeben und anbraten.
3 Tomatenpüree kurz mitbraten, mit dem Rotwein ablöschen, einkochen lassen.
4 Tomaten, Kräuter und Lorbeerblatt zugeben, aufkochen, bei schwacher Hitze 60 Minuten köcheln, öfter umrühren.
5 Fleisch aus der Sauce nehmen.
6 Tomatensauce durch die feine Scheibe des Passevites/der Flotten Lotte drehen.
7 Tomatensauce erhitzen, würzen, mit Honig abrunden.

Zum Rezept

Mama Concetta, eine sizilianische Köchin aus Passion, kocht ihre Tomatensauce stets mit einer Schweinshaxe oder mit Schweinerippen, was die Sauce gehaltvoller macht. Das Fleisch wird später aufgeschnitten und mit ofenfrischer Foccacia gegessen.

Verwendung

Für Pasta, Kalbfleisch- und Muschelgerichte.

Concassés de tomates

1 EL Olivenöl extra nativ

2 Bundzwiebeln

2 Knoblauchzehen, gehackt

½ TL Fenchelsamen, zerstoßen

4 reife Strauchtomaten (Ramati)

1 EL Fleur de Sel

1 TL Kräutermeersalz

1 EL getrocknete,
zerriebene Chilischote

2 Oreganozweige, Blätter abgezupft
und gehackt

1 Das Grün der Bundzwiebeln abschneiden
und in feine Ringe schneiden. Zwiebeln fein
hacken.

2 Tomaten schälen (siehe Kapitel «Rund um
die Sauce»), den Stielansatz mit einem
spitzen Messer ausstechen. Tomaten vierteln,
gallertartige Masse mit Kernen heraus-
schneiden und hacken.

3 ⅔ der Tomatenviertel in Würfel schneiden,
mit wenig Fleur de Sel würzen, in einem Sieb
abtropfen lassen, den Tomatensaft auffangen. Restliche Tomaten grob hacken und
zu den Kernen geben.

4 In einer Saucenpfanne Olivenöl erhitzen,
Zwiebeln ohne Grün, Knoblauch und Fenchelsamen andünsten, Tomatenkernmasse
und aufgefangenen Tomatensaft zugeben,
aufkochen, bei mittlerer Hitze auf
die Hälfte einkochen. Durch ein feines Sieb
streichen. Tomatensauce zurück in
die Saucenpfanne geben, Tomatenjus mit
Kräutersalz, und Chili würzen. Zwiebelgrün, Tomatenwürfel und Oregano zugeben,
erhitzen.

Verwendung

Passt zu gebratenem Fisch und gegrilltem
Fleisch.

Tomatencoulis

1 EL Olivenöl extra nativ

1 Schalotte, fein gehackt

2 Knoblauchzehen, zerkleinert

1 kleine Chilischote, in Ringen

2 EL Tomatenpüree

1 kg reife Tomaten

1 Kräuterbund: Oregano, Petersilie,
Basilikum, Thymian

1 TL Fleur de Sel

frisch gemahlener schwarzer Pfeffer

1 EL Balsamico

1 TL Zucker

1 Tomaten schälen (siehe Kapitel «Rund um
die Sauce»), den Stielansatz mit einem
spitzen Messer ausstechen, die Tomaten in
kleine Würfel schneiden.

2 Olivenöl in einer Saucenpfanne erhitzen,
Schalotten, Knoblauch und Chili zugeben und
andünsten, Tomatenpüree mitdünsten,
Tomaten zugeben, aufkochen, bei schwacher
Hitze etwa 1 Stunde köcheln lassen.

3 Kräuter von den Stielen zupfen und hacken,
zur Sauce geben, mit Fleur de Sel und
Pfeffer würzen, mit Balsamico und Zucker
abrunden. Sauce nach Belieben mixen.

Verwendung

Mis en place in der mediterranen Küche.
Zum Verfeinern von Saucen, zu Pasta,
Gemüse, für Pizzas.

Tipps

Die Tomatensauce eignet sich gut zum
Haltbarmachen. Portionsweise einfrieren
oder heiß in Einmachgläser füllen und
kühl lagern.

Der Vorteil

Produkte ernten, wenn sie Saison, also am
meisten Aroma, haben.

Tomatencoulis provençale

2 EL Olivenöl
extra nativ
2 Knoblauchzehen,
in feinen Scheiben
1 EL in Salzlake eingelegte Kapern
1 dl/100 ml Tomatencoulis, Seite 109
2 Tomaten
2 EL entsteinte schwarze Oliven, gehackt
4 Basilikumblätter, in Streifen

1 Tomaten schälen (siehe Kapitel «Rund um
   die Sauce»), den Stielansatz kreisförmig
   ausstechen. Tomaten vierteln, gallertartige
   Masse mit Kernen entfernen, Viertel
   in Streifen schneiden.
2 Olivenöl in einer Saucenpfanne erhitzen,
   Knoblauch andünsten, Kapern und
   Tomatencoulis zugeben, aufkochen, rund
   5 Minuten köcheln lassen. Tomatenstreifen, Oliven und Basilikum zugeben.

Verwendung
   Zu gegrilltem Fisch, zu gegrillten Krustentieren und zu gegrilltem Geflügel.

Tipp
   Gesalzene Kapern geben der Tomatensauce eine geheimnisvolle Note.

In Salz eingelegte Kapern
   Die ungeöffneten Blütenknospen des
   Kapernstrauchs werden von Mai bis August
   von Hand gepflückt. Sie sind roh ungenießbar. Die Knospen werden zuerst einen
   Tag angewelkt und dann in grobem
   Meersalz eingelegt und so konserviert.
   In der mediterranen Küche werden
   die in Salz eingelegten Kapern zum Würzen
   verwendet. Die in Essig eingelegten
   Kapern haben mit diesem Naturprodukt
   wenig Gemeinsames, weil der Essig
   die feinen Aromen zerstört.

Tomatencoulis «Asia»

2 EL Olivenöl extra nativ

1 EL geröstetes Sesamöl

8 braune Champignons, gehackt

1 grüne Chilischote, entkernt,
gehackt

3 Schalotten, gehackt

2 Zitronengrasstängel
(nur das Herz), gehackt

2 EL gehackte Galgantwurzel

1 TL rote Currypaste

1 dl/100 ml Tomatencoulis, Seite 109

½ dl/50 ml Kokosnusscreme

Die beiden Öle in einer Saucenpfanne
erhitzen, Champignons, Chili, Schalotten,
Zitronengras, Galgant und rote Currypaste zugeben, 3 Minuten rührbraten, mit
Tomatencoulis und Kokosnusscreme
auffüllen, aufkochen, bei schwacher Hitze
20 Minuten köcheln lassen.

Verwendung

Zu vegetarischen Reisgerichten, Tofu und
gebratenen Riesenkrevetten/-garnelen.

Galgant

Die Wurzel gehört in die gleiche Familie
wie der Ingwer. Sie hat einen scharfen,
pfeffrigen Geschmack und rundet asiatische
Gerichte unverwechselbar ab. Der Galgant
wird in feine Scheiben oder Würfelchen
geschnitten. Damit er sein Aroma entfalten
kann, sollte er in der Sauce 20 Minuten
mitgekocht werden.

Die Gemüsesaucen

In diesem Kapitel spielt das Gemüse die erste Geige. Und weil man keinen Fond braucht, kann man ganz spontan eine Sauce kochen.

Apfel-Sellerie-Sauce «Madras» **113**

Karottensauce **116**

Peperoni-/Paprikasauce **117**

Randen-/Rote-Bete-Sauce mit Meerrettich **118**

Rezept

Gefüllte Riesenchampignons auf Karotten-Apfel-Sauce **120**

Apfel-Sellerie-Sauce «Madras»

Apfel-Sellerie-Sauce «Madras»

1 EL Korianderkörner

4 Kardamomkapseln

1 TL Kreuzkümmelsamen

1 TL Fenchelsamen

3 EL weiße Sesamsamen

je 2 TL scharfe und milde Currymischung

½ TL Kurkuma

2 EL Olivenöl extra nativ

zerquetschte Korianderwurzeln von ½ Bund Koriander

2 dl/200 ml Kokosnusscreme

1 dl/100 ml Gemüsefond, Seite 42

2 säuerliche Äpfel, geschält, entkernt, klein gewürfelt

1 Bundzwiebel, fein geschnitten

2 kleine Spross Stangen-/Staudensellerie, geschält, gewürfelt

1 grüner Thai-Chili, aufgeschnitten, entkernt

1 TL Meersalz

1 Alle Gewürzkörner und Gewürzsamen im Mörser zerstoßen.
2 Eine Saucenpfanne bei mittlerer Stufe erhitzen, zerstoßene Gewürze darin rösten, bis sie angenehm duften. Curry, Kurkuma, Olivenöl und Korianderwurzel kurz mitrösten.
3 Die Hälfte der Kokosnusscreme zugeben, aufkochen, unter ständigem Rühren köcheln, bis die Creme eingekocht ist.
4 Restliche Kokosnusscreme und Gemüsefond zur Sauce geben, bei mittlerer Hitze 10 Minuten köcheln lassen.
5 Sauce durch ein Sieb drücken, in die Saucenpfanne zurückgeben.
6 Äpfel, Zwiebeln, Sellerie und Chili zur Sauce geben und bei mittlerer Hitze 10 Minuten köcheln lassen, abschmecken mit Salz.

Verwendung

Zu gebratenen Getreide- und zu Geflügelgerichten.

Madras

Früherer Name der südindischen Stadt Chennai. Während der Kolonialzeit war Madras ein wichtiges Zentrum des Britischen Empires in Indien. Aus dieser Zeit stammt auch die Bezeichnung «Madras» für eine milde Currymischung.

Karottensauce

150 g Karotten

1 dl/100 ml Apfelsaft

3 dl/300 ml Karottensaft

2 Schalotten, gehackt

1 EL geschroteter Rundkornreis

8 Koriandersamen, zerstoßen

10 feine Ingwerscheiben

1 dl/100 ml Kokosnusscreme

Kräutersalz

frisch gemahlener schwarzer Pfeffer

1 Karotten schälen, auf einer feinen Reibe reiben.
2 Apfel- und Karottensaft in einer Saucen-pfanne aufkochen, Karotten, Schalotten, Reis, Koriander und Ingwer zugeben, aufkochen, bei schwacher Hitze auf die Hälfte ein-kochen. Mit dem Stabmixer pürieren. Sauce durch ein feines Sieb streichen.
3 Karottensauce in die Pfanne zurückgeben, mit der Kokosnusscreme aufkochen, würzen mit Kräutersalz und Pfeffer.

Verwendung

Zu Getreide, Gemüse und gedünstetem und gebratenem Süßwasserfisch.

Peperoni-/Paprikasauce

2 dl/200 ml Gemüsefond, Seite 42

2 rote Peperoni/Paprikaschoten

½ Zwiebel, gehackt

1 cm Ingwer, geschält, fein geschnitten

1 Knoblauchzehe, gehackt

1 TL Tandooripaste

1 rote Chilischote, entkernt, gehackt

Kräutersalz

frisch gemahlener schwarzer Pfeffer

2 Spritzer Apfelessig

1 EL Palmzucker

20 g kalte Butterstückchen

1 Peperoni mit dem Sparschäler schälen, halbieren, Stielansatz, Kerne und weiße Teile entfernen, Schotenhälften fein schneiden.

2 Gemüsefond in einer Saucenpfanne aufkochen, Peperoni, Zwiebeln, Ingwer und Knoblauch zugeben, bei schwacher Hitze 20 Minuten köcheln lassen. Sauce mit dem Stabmixer pürieren. Tandooripaste und Chili unterrühren, 5 Minuten köcheln lassen, mit Kräutersalz und Pfeffer würzen, mit Essig und Palmzucker abrunden. Mit den Butterstückchen aufmixen, Sauce nicht mehr kochen.

Verwendung

Zu Grilladen, Pasta, Reis, gebratenen Scampis und Riesenkrevetten/-garnelen.

Tandooripaste

Scharfe indische Gewürzpaste, eignet sich auch zum Marinieren von Fleisch und Fisch.

Randen-/Rote-Bete-Sauce mit Meerrettich

2 dl/200 ml Gemüsefond, Seite 42

2 mittelgroße gekochte Randen/Rote Beten, geschält, gewürfelt

4 EL weißer Balsamico

1 dl/100 ml Rahm/Sahne

2 TL grobkörniger Senf

1 TL Blütenhonig

50 g fein geschnittener Lauch

1 kleiner Spross Stangen-/Staudensellerie,

geschält, fein geschnitten

½ TL Kräutersalz

frisch gemahlener schwarzer Pfeffer

½ dl/50 ml Schlagrahm/-sahne

2 EL frisch geriebener Meerrettich

1 Prise Cayennepfeffer

1 Gemüsefond in einer Saucenpfanne erhitzen. Randen/Rote Bete und Balsamico zugeben, bei schwacher Hitze 10 Minuten köcheln lassen. Rahm, Senf und Honig zur Sauce geben, nochmals erhitzen.

2 Sauce pürieren, durch ein feines Sieb streichen und zurück in die Pfanne geben. Lauch und Sellerie zur Sauce geben, aufkochen, Gemüse bei schwacher Hitze weichkochen, etwa 5 Minuten. Sauce mit Kräutersalz und Pfeffer würzen, Schlagrahm/-sahne unterziehen, mit Meerrettich und Cayennepfeffer abrunden.

Verwendung

Zu gedünstetem Fisch und zu gedünstetem Gemüse.

Meerrettich

Kann am Stück gut eingefroren und gefroren gerieben werden.

Vorspeise

4 Riesenchampignons
1 dl/100 ml Weißwein

Füllung

1 kleine Zwiebel, fein gehackt
3 EL gekochte rote Linsen
3 EL gekochter Buchweizen
2 Majoranzweiglein, Blättchen
abgestreift
1 Prise scharfe Currymischung
Meersalz
frisch gemahlener schwarzer Pfeffer
1 säuerlicher Apfel

Karotten-Apfel-Sauce

1 dl/100 ml Bio-Apfelsaft
3 dl/300 ml Bio-Karotten-Saft
½ cm Ingwerwurzel, geschält,
fein gehackt
½ Glockenapfel oder anderer
säuerlicher Apfel
Kräutermeersalz
20 g kalte Butterstückchen

Majoranblättchen für die Garnitur

1 Den Stiel der Champignons herausdrehen, Lamellen herauslösen, Pilzköpfe innen mit Salz und Pfeffer würzen. Die Pilzhüte mit der Öffnung oben in eine mit Butter eingefettete Gratinform legen. Weißwein dazugießen.

2 Pilzstiele fein hacken, mit Zwiebeln, Linsen, Buchweizen und Majoran mischen, würzen.

3 Backofen auf 180 °C vorheizen.

4 Apfel schälen, vierteln und entkernen, in Schnitze schneiden. Die Schnitze kreisförmig auf den Rand der Pilzehüte legen, mit dem Getreide füllen.

5 Gefüllte Champignons in der Mitte in den Ofen schieben, bei 180 °C 20 Minuten schmoren.

6 Für die Sauce den halben Apfel schälen und entkernen, zerkleinern. Apfel- und Karottensaft, Ingwer und Äpfel bei mittlerer Hitze auf die Hälfte einkochen lassen. Durch ein feines Sieb passieren. In die Pfanne zurückgeben, nochmals aufkochen, mit Kräutersalz würzen. Butter stückchenweise unterrühren. Sauce nicht mehr kochen.

7 Mit der Karotten-Apfel-Sauce auf vorgewärmten Tellern einen Spiegel gießen. Je einen gefüllten Champignon darauf anrichten. Mit Majoran garnieren.

Die Buttersaucen

Buttersaucen sind ein Potpourri von säuerlichem Buttergeschmack, säurebetonter Reduktion und dem Aroma frischer Kräuter. Wenn Butter wie in der Buttersauce die Hauptrolle spielt, sollten die Kalorien nicht gezählt werden (50 g Buttersauce enthält 263 Kalorien). Eine Buttersauce schmeichelt weißem und grünem Spargel, klassischen Fleischgerichten wie Chateaubriand, doppeltem Entrecôte und gegrilltem Edelfleisch vom Rind.

Sauce Hollandaise **123**

Sauce «Bernie» **126**

Sauce «Orient» **127**

Beurre blanc **128**

Beurre blanc mit Minze **130**

Apfel-Beurre-blanc mit rosa Pfeffer **131**

Apfel-Beurre-blanc **131**

Rezepte

Omelett und pikante Apfel auf Apfelbutter **132**

Apfelrösti und Pilze mit Apfel-Beurre-blanc **134**

Sauce Hollandaise

Sauce Hollandaise

100 g Butter

1 Schalotte, geschält und gehackt

½ dl/50 ml Weißwein

1 EL weißer Balsamico

1 Bund Petersilie, nur Stiele

2 Eigelbe von Freilandeiern

frisch gemahlener weißer Pfeffer

Kräutersalz

½ Zitrone

1 Butter bei mittlerer Hitze schmelzen und bei schwacher Hitze köcheln, bis sie klar ist. Ein Sieb mit Küchenpapier auskleiden, Butter durch das Sieb passieren.

2 Schalotten, Weißwein, Balsamico und Petersilienstiele in einer Saucenpfanne bei schwacher Hitze auf ¼ einkochen.

3 Eigelbe in eine Chromstahlschüssel geben. Weißweinreduktion durch ein feines Sieb dazugeben.

4 Eigelbmischung über dem kochenden Wasserbad (siehe auch Kapitel «Rund um die Sauce») mit dem Schneebesen schaumig schlagen.

5 Die Schüssel auf eine Unterlage stellen, die warme Butter handwarm im Faden unterschlagen.

6 Sauce Hollandaise mit Pfeffer, Kräutersalz und Zitronensaft würzen.

Verwendung

Zu weißem und grünem Spargel, pochiertem Fisch, gegrilltem und gebratenem Rindfleisch.

Sauce «Berni»

1 Portion Sauce Hollandaise, Seite 124

2 EL Demiglace, Seite 84

4 Dörrtomaten, gehackt

1 glattblättriger Petersilienzweig

1 Estragonzweig

1 Petersilie und Estragon von den Stielen zupfen und fein hacken.

2 Alle Zutaten unter die Hollandaise rühren.

Verwendung

Zu gegrilltem Rindfleisch wie Chateaubriand und doppeltem Entrecôte.

Tipp

In die klassische Sauce Béarnaise gehören Estragon und Petersilie.

Chateaubriand

Das doppelte Rindstaek (4 cm dick) soll das Lieblingsgericht des französischen Schriftstellers und Politikers François René Vicomte de Chateaubriand (1768–1848) gewesen sein.

Sauce «Orient»

1 Vanilleschote

10 Korianderkörner, zerstoßen

½ TL schwarze Kümmelsamen

½ TL Kreuzkümmelsamen, zerstoßen

½ dl/50 ml Orangensaft

1 TL Zitronensaft

2 EL Fruchtbalsam

1 Portion Sauce Hollandaise, Seite 124

1 Die Vanilleschote aufschneiden, das Mark
mit einem Messer abstreifen und in
die Saucenpfanne geben, Schotenhälften,
Koriander, Kümmel, Kreuzkümmel, Orangen-
und Zitronensaft sowie Fruchtbalsam
zugeben, bei schwacher Hitze auf die Hälfte
einkochen lassen. Die Vanilleschote
entfernen.
2 Sauce Hollandaise unter die Orangensaftreduktion rühren.

Verwendung

Zu gegrilltem Kalbfleisch, Fisch und Lammfleisch.

Beurre blanc

2 dl/200 ml Fischfond, Seite 36,

oder Fischfumet, Seite 38

2 weiße Champignons, gewürfelt

1 Schalotte, fein gehackt

6 weiße Pfefferkörner, zerstoßen

½ TL Fenchelsamen, zerstoßen

1 Dillzweig

½ dl/50 ml Champagner

50 g kalte Butterwürfelchen

1 Prise Cayennepfeffer

Kräutersalz

1 Fischfond, Champignons, Schalotten, Pfefferkörner und Fenchelsamen in einer Saucenpfanne bei schwacher Hitze auf ½ dl/50 ml einkochen lassen.

2 Dill auf die Reduktion legen. Zugedeckt 5 Minuten ziehen lassen.

3 Reduktion durch ein feines Sieb passieren, mit einem Suppenlöffel ausdrücken.

4 Champagner zur Reduktion geben, auf die Hälfte einkochen lassen.

5 Beurre blanc mit den Butterwürfelchen aufschlagen.

6 Sauce mit Cayennepfeffer und Kräutersalz abschmecken.

Verwendung

Passt zu pochierten Fischfilets.

Variante

Für eine «Beurre rouge» wird der Weißwein durch einen kräftigen Rotwein ersetzt, z. B. Gigondas. Die «Beurre rouge» passt sehr gut zu Seeteufel, Red Snapper sowie Jakobsmuscheln.

Beurre blanc ist eine säurebetonte Sauce. Die Butter verbindet die kräftige Reduktion
mit dem säurebetonten Wein.

Beurre blanc

Beurre blanc mit Minze

2 dl/200 ml Fischfond, Seite 36

1 Zitronengrasstängel (nur das Herz),
fein geschnitten

1 Schalotte, gehackt

1 EL frische grüne Pfefferkörner

2 Zweiglein englische Minze

½ dl/50 ml Riesling x Sylvaner

50 g Kräuterbutter «Maître d' Hôtel»,
Seite 143, oder 50 g Butterwürfelchen

1 Prise Cayennepfeffer

Kräutersalz

1 Fischfond, Zitronengras, Schalotten und
grünen Pfeffer in einer Saucenpfanne aufkochen, bei schwacher Hitze auf 2 Esslöffel einkochen. Ein Minzezweiglein in die
Reduktion legen, zugedeckt 5 Minuten
ziehen lassen.
2 Restliche Minzeblättchen fein hacken.
3 Fischfondreduktion durch ein feines Sieb
passieren, mit einem Suppenlöffel gut
ausdrücken.
4 Fischfondreduktion mit dem Weißwein
aufkochen und bei schwacher Hitze auf die
Hälfte einkochen lassen.
5 Fischreduktion mit den Butterstückchen
aufschlagen, mit Cayennepfeffer, gehackter
Minze und Kräutersalz abrunden.

Verwendung
Zu gebratenen Jakobsmuscheln und Scampi.

Apfel-Beurre-blanc

2 Schalotten, fein gehackt

1 dl/100 ml Weißwein

½ dl/50 ml Apfelfond, Seite 43

1 dl/100 ml Geflügelfond, Seite 40

½ unbehandelte Zitrone, abgeriebene

Schale von ¼ Frucht, Saft

150 g gekühlte Butterstückchen

1 EL Schlagrahm/-sahne

1 Schalotten, Weißwein, Apfel- und Geflügelfond aufkochen, bei mittlerer Hitze auf
¼ einkochen lassen.
2 Zitronenschale und Zitronensaft unter
den Fond rühren. Butterwürfelchen unter
Rühren mit dem Schneebesen zugeben.
Die Sauce nicht mehr kochen. Schlagrahm
untermischen.

Apfel-Beurre-blanc mit rosa Pfeffer

2 Schalotten, fein gehackt

1 EL rosa Pfefferkörner

3 dl/300 ml Apfelwein

½ dl/50 ml Apfelfond, Seite 43

50 g gekühlte Butterwürfelchen

1 Prise Cayennepfeffer

1 Schalotten, Pfefferkörner und Apfelwein
aufkochen, bei mittlerer Hitze auf die Hälfte
einkochen lassen. Apfelfond zugeben,
nochmals auf die Hälfte einkochen lassen.
2 Butterwürfelchen mit dem Schneebesen
unter die Sauce rühren, nicht mehr kochen.
Abschmecken mit Cayennepfeffer.

Omelett und pikante Äpfel auf Apfelbutter

für 2 Personen als Mahlzeit

Omelett

1½ EL Weißmehl

2 Eigelbe von Freilandeiern

½ dl/50 ml Milch

Meersalz

frisch geriebene Muskatnuss

1 Bund Schnittlauch

2 Eiweiß

wenig Bratbutter/Butterschmalz

2 Boskoop oder anderer

säuerliche Äpfel

1 EL Bio-Apfelwein (vergorener

Süßmost/Apelsaft)

20 g Butterstückchen

frisch gemahlener schwarzer Pfeffer

1 dl/100 ml Apfel-Beurre-blanc, Seite 131

wenig Kräuter für die Garnitur

1 Für das Omelett Mehl, Eigelbe und Milch glatt-rühren, mit Salz und Muskatnuss würzen. Schnittlauch fein schneiden und unterrühren. Das Eiweiß steifschlagen und unterziehen.

2 In einer beschichteten Bratpfanne Bratbutter zerlassen, die Omelettmasse darin etwa 1 cm dick ausstreichen, bei mittlerer Hitze beidseitig braun braten. Omelett mit zwei Gabeln in kleine Stücke reißen.

3 Boskoop schälen, vierteln und entkernen, Viertel nochmals halbieren, Kanten nach Belieben rund schneiden. Die Apfelschnitze in der noch warmen Bratpfanne mit dem Apfelwein glacieren, d. h. unter häufigem Rühren dünsten, Butterstückchen unterrühren, mit Pfeffer würzen.

4 Apfel-Beurre-blanc erwärmen, auf vorgewärmten Tellern einen Spiegel gießen, Omelett- und Apfelstückchen darauf anrichten, mit Kräutern garnieren.

Apfelrösti und Pilze mit Apfel-Beurre-blanc

Mahlzeit

4 fest kochende,
mittelgroße Kartoffeln
4 Boskoop
frisch gemahlener schwarzer Pfeffer
frisch geriebene Muskatnuss
Meersalz
2 Speckscheiben
2 EL Bratbutter/Butterschmalz

2 EL Olivenöl extra nativ
1 rote Zwiebel, in Streifen
300 g gemischte Pilze
Meersalz
frisch gemahlener Pfeffer
Rosmarinnadeln

1 dl/100 ml Apfel-Beurre-blanc,
Seite 131

1 Kartoffeln schälen. Boskoop entkernen, das heißt das Kerngehäuse mit einem Fruchtentkerner ausstechen. Kartoffeln und Äpfel auf der Röstiraffel reiben, mit Pfeffer, Muskat und einer Prise Salz würzen, gut mischen.

2 Speckscheiben in Streifen schneiden, in einer Bratpfanne ohne Fett knusprig braten. Die Hälfte der Bratbutter mit den Kartoffeln und den Äpfeln zum Speck geben, gut vermengen, kleine Küchlein formen, diese bei mittlerer Hitze beidseitig knusprig braten, immer wieder ein wenig Bratbutter beigeben.

3 Pilze mit einem trocknen Tuch abreiben. Je nach Größe zerkleinern. Zwiebeln im Öl andünsten, Pilze beigeben, einige Minuten mitdünsten, mit Salz, Pfeffer und Rosmarinnadeln würzen.

4 Apfel-Beurre-blanc erwärmen, auf vorgewärmten Tellern einen Spiegel gießen, Pilze und Apfelrösti-Küchlein darauf anrichten.

Buttermischungen

Die Buttermischungen

Buttermischungen werden meist zu Grilladen serviert, sei es zu Fleisch, Fisch oder Krustentieren. Sie sind auch ideal zum Verfeinern von Demiglace und Weißweinsaucen (die Butter wird unter die fertige Sauce gerührt).

Café de Paris **139**

Butter «Danieli» **142**

Beurre «Maître d'hôtel» – Kräuterbutter **143**

Kräuterbutter «Orient» **144**

Café de Paris

Café de Paris

2 Schalotten, gehackt

2 Knoblauchzehen, in feinen Scheiben

1 rote Chilischote, entkernt
und gehackt

3 EL weißer Balsamico

1 TL milde Currymischung

4 Sardellenfilets, gehackt

1 Rosmarinzweig, Nadeln abgestreift
und fein gehackt

1 Bund Schnittlauch, fein geschnitten

1 Estragonzweig, Blättchen gehackt

1 EL in Salz eingelegte Kapern,
grob gehackt

1 EL Pommerysenf

1 EL Ketchup

1 TL Portwein

2 EL Zitronensaft

½ TL frisch gemahlener schwarzer
Pfeffer

300 g weiche Butter

1 Schalotten, Knoblauch und Chilischote mit Balsamico einkochen.

2 Restliche Zutaten ohne Butter zur Reduktion geben, fein pürieren. Auskühlen lassen. Kühl stellen.

3 Weiche Butter mit dem Schneebesen schaumig schlagen.

4 Gekühlte Gewürzmischung unter die schaumig geschlagene Butter rühren.

5 Eine Klarsichtfolie auf die Arbeitsfläche legen, Gewürzbutter, einer langen Wurst ähnlich, auf die Klarsichtfolie verteilen, mit Hilfe der Folie eine Rolle formen. Im Kühlschrank fest werden lassen oder tiefkühlen.

6 Oder ein Blech mit einer Klarsichtfolie belegen. Gewürzbutter in einen Einwegspritzbeutel mit gezackter Tülle füllen, Rosetten auf das Blech spritzen. Im Kühlschrank fest werden lassen oder Rosetten lose einfrieren, später in Vorratsdosen füllen.

Salz
Sardellen und gesalzene Kapern enthalten reichlich Salz, sodass man kein zusätzliches Salz braucht.

Gewürzbutter zum Gratinieren/Überbacken
3 Eigelbe unter die fertige Gewürzbutter rühren.

Verwendung
Zu gegrilltem Fleisch, z. B. zu Entrecôte.

«Schlanke» Gewürzbutter
Butter zur Hälfte durch abgetropften Magerquark ersetzen. Dazu ein Salatsieb mit einem Küchentuch auslegen und auf eine Schüssel stellen. Quark einfüllen, über Nacht abtropfen lassen. Butter zuerst schaumig schlagen, erst dann abgetropften Quark löffelweise unterrühren.

Café de Paris hat ihren Ursprung nicht in Frankreich, was man aufgrund des Namens vermuten könnte, sondern in der Schweiz. Die Gewürzbutter wurde in einem Restaurant in Genf erfunden, das die Gäste ausschließlich mit Entrecôte «Café de Paris» verwöhnt.

Butter «Danieli»

20 g Butter

1 Schalotte, fein gehackt

je ¼ rote, gelbe und grüne
Peperoni/Paprikaschote

80 g geschälte Riesenkrevetten/-
garnelen, gehackt

200 g weiche Butter

½ TL Tomatenpüree

1 Schuss Noilly Prat

2 EL Zitronensaft

1 TL Fleur de Sel

frisch gemahlener schwarzer Pfeffer

1 Bund Basilikum, Blätter abgezupft
und fein geschnitten

1 Peperoni mit dem Sparschäler schälen. Stielansatz, Kerne und weiße Teile entfernen, Schoten klein würfeln.

2 Schalotten und Peperoni in der Butter andünsten, Krevetten beigeben, kurz mitdünsten. Auf einem Teller auskühlen lassen.

3 Weiche Butter mit dem Schneebesen schaumig schlagen. Tomatenpüree, Noilly Prat und Zitronensaft unterrühren, mit Fleur de Sel und Pfeffer würzen, Basilikum und Peperoni unterrühren.

Verwendung

Zu gegrillten Krustentieren und Fischfilets.

Einfrieren

Siehe Café de Paris, Seite 140.

«Danieli»

Die Buttermischung stammt aus dem weltberühmten Hotel Danieli in Venedig, wo sie mit Scampis serviert wird.

Beurre «Maître d'hôtel» – Kräuterbutter

100 g weiche Butter

½ TL Fleur de Sel

frisch gemahlener schwarzer Pfeffer

1 unbehandelte Zitrone,

wenig abgeriebene Schale und

1 EL Zitronensaft

1 Bund glattblättrige Petersilie

1 Petersilie von den Stielen zupfen und fein hacken.

2 Die weiche Butter mit dem Schneebesen schaumig schlagen.

3 Alle Zutaten unter die Butter rühren.

Verwendung

Zu gebratenem/gegrilltem Kalb- und Geflügelfleisch.

Einfrieren

Siehe Café de Paris, Seite 140

Maître d'hôtel

Früher hatte die Servierkunst noch einen größeren Stellenwert als heute. Viele Speisen wurden vor den Gästen zubereitet, so auch die Butter „Maître d'hôtel", die Butter der Oberkellner.

Kräuterbutter «Orient»

200 g weiche Butter

1 EL Olivenöl extra nativ

1 TL Currymischung

½ TL Chilipulver

½ EL Tandooripaste

2 Schalotten, fein gehackt

2 Knoblauchzehen, fein gehackt

½ EL Dijonsenf

1 TL Worcestersauce

½ TL Fleur de Sel

1 Bund Petersilie

1 Thymianzweig

1 Estragonzweig

2 EL Balsamico

1 Petersilie, Thymian und Estragon von den Stielen zupfen und hacken.
2 Olivenöl in einer Bratpfanne erhitzen, Curry, Chili und Tandoori im Öl kurz rösten, Schalotten und Knoblauch zugeben, auf der ausgeschalteten Wärmequelle rühren, bis der Pfanneninhalt abgekühlt ist. In einer Schüssel mit den restlichen Zutaten, ohne die Butter, mischen.
3 Weiche Butter in einer Schüssel mit dem Schneebesen luftig aufschlagen.
4 Butter löffelweise unter die Gewürzmischung rühren.

Verwendung
Zu gegrilltem Lamm.

Einfrieren
Siehe Café de Paris, Seite 140

Die mediterranen Saucen

Hier haben schon die Zutaten südliches Temperament. Das Produkt könnte man auch Fernwehsaucen nennen. Es sind Saucen, die vor Sonne und Wärme nur so strotzen.

Tomatenpesto **147**

Basilikumpesto **150**

Tapenade **151**

Artischocken-Confit **152**

Tomatenpesto

Tomatenpesto

100 g Dörrtomaten, in Olivenöl eingelegtz

1 Bund Basilikum, Blätter abgezupft und grob geschnitten

1 unbehandelte Orange

1 rote Chilischote, halbiert, entkernt, gehackt

3 Knoblauchzehen, gehackt

100 g alter Pecorino

5 EL Olivenöl extra nativ

frisch gemahlener schwarzer Pfeffer

1 Dörrtomaten hacken.

2 Dörrtomaten und Basilikum in den Cutter/das Mixerglas füllen.

3 Von ½ Orange die Schale mit dem Ziseliermesser über dem Basilikum abziehen.

4 Chili und Knoblauch zugeben, Pecorino darüberreiben.

5 Olivenöl zugeben, alles grob pürieren.

6 Tomatenpesto mit Pfeffer abschmecken.

Haltbarkeit

Tomatenpesto in ein Glas mit Schraubverschluss füllen, mit Olivenöl bedecken. Der Pesto ist so im Kühlschrank einige Wochen haltbar.

Verwendung

Zum Veredeln von Demiglace und Mayonnaise. Für Pastagerichte, als Aufstrich für Crostini.

Basilikumpesto

50 g Genoveser Basilikum

2 EL Pinienkerne, leicht gebräunt

2 Knoblauchzehen, gehackt

1 dl/100 ml ligurisches Olivenöl extra nativ

50 g geriebener Parmesan

½ EL Fleur de Sel

1 TL rosa Pfefferkörner, zerstoßen

frisch gemahlener schwarzer Pfeffer

1 Basilikumblätter von den Stielen zupfen und grob zerkleinern.

2 Basilikum, Pinienkerne, Knoblauch, Olivenöl und Parmesan pürieren.

3 Pesto mit Fleur de Sel, rosa Pfeffer und schwarzem Pfeffer würzen.

Verwendung

Für Pastagerichte, Schalenkartoffeln, Omelett-/Pfannkuchenteig.

Pesto

Das Wort «Pesto» wird im Italienischen für eine roh verstampfte Gewürzpaste verwendet. «Pesto alla genovese» stammt aus der ligurischen Küche.

Tapenade

250 g entsteinte schwarze Oliven

2 Knoblauchzehen

4 Sardellenfilets

1 Bund glattblättrige Petersilie, ohne Stiele

2 EL in Salz eingelegte Kapern, gewässert

0,8 dl/80 ml Olivenöl extra nativ

1 Kapern mit Küchenpapier trocken tupfen.
2 Oliven, Knoblauch, Sardellen, Petersilie und Kapern zuerst grob hacken, dann im Mörser zerstoßen oder im Cutter nicht zu fein hacken. Olivenöl unterrühren.

Verwendung

Zu Ziegenfrischkäse, Schalenkartoffeln gegrilltem Fisch.

Tapenade

Die Tapenade ist eine Spezialität aus der Provenceküche.

Artischocken-Confit

2 kleine Artischocken

1 TL Akazienblütenhonig

4 EL weißer Balsamico

1 Schalotte, gehackt

2 Tomaten

1 grüne Chilischote, entkernt, gehackt

1 EL in Salz eingelegte Kapern

½ Bund glattblättrige Petersilie, Blättchen abgezupft, gehackt

2 Zweiglein Zitronenthymian, Blättchen abgezupft

2 EL Olivenöl extra nativ

frisch gemahlener schwarzer Pfeffer

1 Artischocken von den zähen Blättern befreien, klein schneiden.
2 Tomaten schälen (siehe Kapitel «Rund um die Sauce»), Stielansatz mit einem spitzen Messer ausstechen. Tomaten vierteln, gallertartige Masse mit den Kernen entfernen, Fruchtfleisch würfeln.
3 Akazienhonig und Balsamico in einer Saucenpfanne erhitzen, Schalotten und Artischocken zugeben und glacieren. Chili, Knoblauch, Tomaten und Kapern zufügen, bei mittlerer Hitze zugedeckt weich dünsten.
4 Petersilie, Zitronenthymian und Olivenöl unter die Artischockenmasse rühren, mit Pfeffer abschmecken, eventuell ein wenig nachsalzen. Im Mörser grob zerdrücken.

Verwendung
Zu gegrilltem Fisch und gegrillten Krustentieren.

Die Ölsaucen

Ölsaucen sind Verbindungen von Eigelb, Öl und Zitronensaft. Die Qualität der Eier ist hier besonders wichtig: Es sollen Eier von glücklichen Hühnern (Freilandhühner) sein. Und, je frischer das Ei, desto besser

Mayonnaise **155**

Mayonnaise mit Gemüse **158**

Mayonnaise «Asia» **159**

Remoulade **160**

Sauce «Rouille» **161**

Aïoli **162**

Mayonnaise

Mayonnaise

4 Eigelbe von Freilandeiern

2 TL Kräutermeersalz

½ TL frisch gemahlener weißer Pfeffer

1 Prise Cayennepfeffer

1 EL Champagnersenf

½ dl/50 ml weißer Balsamico

½ l kalt gepresstes Sonnenblumenöl

ein wenig Zitronensaft

1 Eigelbe, Kräutersalz, Pfeffer, Senf und Balsamico in eine Rührschüssel geben.
2 Schüsselinhalt verrühren.
3 Sonnenblumenöl im Faden unter die Eigelbe schlagen.
4 Mayonnaise mit Zitronensaft abschmecken, eventuell mit etwas Wasser verdünnen.

Verwendung

Zu kaltem Braten, für Gemüsedips. Als Grundsauce.

«Schlanke Mayonnaise»

Die Mayonnaise möglichst dick aufschlagen und danach mit Magerquark
oder Naturjogurt auf die gewünschte Konsistenz «verdünnen».

Mayonnaise

Ist die Mutter der Ölsaucen. Es wird vermutet, dass ihr Name von Mahón,
der Hauptstadt der Baleareninsel Menorca, abgeleitet worden ist.

Mayonnaise

Mayonnaise mit Gemüse

½ Portion
Mayonnaise, Seite 156

1 EL Dijonsenf

2 EL Magerquark

1 Karotte

1 Bundzwiebel

½ roter Peperoni/Paprikaschote

½ grüne Chilischote

frisch gemahlener schwarzer Pfeffer

Meersalz

1 Mayonnaise mit Senf und Quark glattrühren.
2 Karotte schälen, auf einer feinen Reibe
   zur Mayonnaise reiben. Zwiebelgrün in feine
   Ringe schneiden, Zwiebel fein hacken.
   Peperoni schälen, Stielansatz, Kerne und
   weiße Teile entfernen, Schote in Würfelchen
   schneiden. Chilischote entkernen und
   fein hacken. Das Gemüse unter die Sauce
   rühren, mit Pfeffer und Salz abschmecken.

Verwendung
   Für Gemüsedips, zu Frittiertem und zu
   gegrilltem und gebratenem Fisch.

Mayonnaise «Asia»

3 EL Mayonnaise, Seite 156

100 g Magerquark

½ Limette, Saft

1 EL indische Currymischung

1 große Tomate

2 Kaffirmettenblätter,
fein geschnitten

1 Zitronengrasstängel (nur das Herz),
fein geschnitten

2 Knoblauchzehen, gehackt

Kräutersalz

1 Prise frisch gemahlener weißer Pfeffer

1 Msp gehackter Ingwer

1 Tomate schälen (siehe Kaptiel «Rund um
die Sauce»), den Stielansatz mit einem
spitzen Messer ausstechen, Tomate vierteln,
die gallertartige Masse mit den Kernen
entfernen, das Tomatenfleisch in Würfelchen
schneiden.

2 Mayonnaise, Quark, Limettensaft und Curry
glattrühren. Tomaten, Kaffirlimettenblätter, Zitronengras und Knoblauch unterrühren, abschmecken mit Kräutersalz, Pfeffer
und Ingwer abschmecken..

Verwendung

Zu Fleisch- und Fischfondue, für Geflügel-
salat.

Remoulade

½ Portion Mayonnaise, Seite 156

10 in Salz eingelegte Kapern,
gewässert

2 Sardellenfilets, gehackt

4 Cornichons, gehackt

1 Schalotte, gehackt

1 gekochtes Freilandei, gehackt

1 Bund Schnittlauch, fein geschnitten

wenig Kerbel, ohne Stiele, gehackt

2 EL Magerquark

1 TL Paprikapulver

Alle Zutaten unter die Mayonnaise rühren.

Verwendung
Zu frittiertem Fisch, zu kaltem Roastbeef.

Sauce «Rouille»

4 Scheiben Toastbrot

2 rote Chilischoten, entkernt

4 Knoblauchzehen, gehackt

½ roter Peperoni/Paprikaschote

1 dl/100 ml Olivenöl extra nativ

1 Eigelb von einem Freilandei

1 Bund Basilikum, Blätter von den Stielen
gezupft und fein geschnitten
Kräutersalz

1 Toastbrot entrinden.
2 Peperoni mit dem Sparschäler schälen,
   Stielansatz, Kerne und weiße Teile entfernen,
   Schote in Streifen schneiden.
3 Alle Zutaten im Cutter/Mixerglas zu einer
   festen Paste mixen, mit Kräutersalz
   würzen.

Verwendung
   Zu Bouillabaisse und gegrilltem Fleisch.

Rouille
   Heißt auf Deutsch Rost oder rostig.

Aïoli

1 gekochte Schalenkartoffel, ca. 130 g

4 Knoblauchzehen, durchgepresst

1 Bund glattblättrige Petersilie,
ohne Stiele

2 Tomaten, ca. 150 g

1 Eigelb von einem Freilandei

1 dl/100 ml Olivenöl extra nativ

1 EL Fleur de Sel

frisch gemahlener schwarzer Pfeffer

1 Kartoffel schälen, in Scheiben schneiden.
2 Petersilie grob hacken.
3 Tomaten schälen (siehe Kaptiel «Rund um
   die Sauce»), den Stielansatz mit einem
   spitzen Messer ausstechen, Tomaten vierteln,
   gallertartige Masse mit Kernen entfernen,
   Tomatenviertel würfeln.
4 Kartoffeln, Knoblauch, Petersilie, Tomaten
   und Eigelb in einer Schüssel vermengen.
5 Olivenöl nach und nach unterrühren, würzen.
6 Schüsselinhalt im Mörser portionsweise zu
   einer feinen Paste verstoßen oder pürieren.

Verwendung

Zu Tapas, gegrilltem Fisch, gekochtem Polpo
(Krake).

Aïoli

Bezeichnet die Verbindung von Knoblauch und Öl. «Aïoli» ist vom katalanischen
Wort «Allioli» abgeleitet.

4

5

6

Sauce, Dressing, Vinaigrette

Was wäre der Salat ohne sie? Welche Zutaten man auch immer verwendet, das Öl sollte kalt gepresst und der Essig natürlich vergoren und frei von Zusatzstoffen sein. Sauce und Dressing sind dasselbe: die Saucenzutaten sollen gut emulgieren, d. h. sich miteinander verbinden. Eine Vinaigrette ist eine nicht emulgierende Öl-Essig-Verbindung, die normalerweise frische Kräuter, fein geschnittenes Wurzelgemüse usw. enthält.

Bunte Gemüsevinaigrette **165**

Ravigot **168**

Mediterrane Vinaigrette **169**

Salsa verde **170**

Karotten-Dressing **171**

Jogurtdressing **172**

Hausdressing **173**

Rezepte

Schnittsalat mit Karotten und Quinua **174**

Kresse-Allerlei mit Gurkenmix **176**

Römischer Salat mit Tomaten-Pinienkern-Vinaigrette **178**

Junger Spinat mit Ei auf Jogurtsauce **180**

Knurrhahn mit Barba di Frate und Pfeffer-Apfel-Vinaigrette **182**

Peperonitörtchen mit Curryricotta **184**

Rohes Gemüse in süßer Begleitung **186**

Trevisano-Brüsseler-Endivien-Orangen-Salat **188**

Buchweizencrêpe mit Forelle und Salat **190**

Bunte Gemüsevinaigrette

Bunte Gemüsevinaigrette

4 EL kalt gepresstes
Baumnussöl/Walnussöl

1 kleine Karotte

½ Pfälzer Rübe/Möhre

50 g Knollensellerie

1 kleiner Zucchino

1 Bundzwiebel, gehackt

½ rotbackiger Apfel, ungeschält, entkernt, klein gewürfelt

2 EL grobkörniger Senf

½ TL Fleur de Sel

2 EL Himbeeressig

12 rosa Pfefferkörner, zerstoßen

½ Bund Dill, fein gehackt

2 EL Pinienkerne, geröstet

1 Karotte, Pfälzer Rübe/Möhre und Sellerie schälen und in Würfelchen (Brunoise) schneiden. Zucchino beidseitig kappen, ungeschält in Würfelchen (Brunoise) schneiden.
2 Gemüsewürfelchen, Zwiebeln und Apfelwürfelchen in einer Saucenpfanne in 1 EL Nussöl 2 Minuten dünsten.
3 Senf, Salz, Himbeeressig und restliches Nussöl verrühren, rosa Pfefferkörner zugeben.
4 Alle Zutaten zur Sauce geben, gut mischen.

Verwendung
Für Getreidesalate, zum Marinieren von Fisch und Gemüse.

Ravigot

½ dl/50 ml Kräuteressig

1½ dl/150 ml kalt gepresstes Rapsöl

1 Bund Schnittlauch, fein geschnitten

1 Bund glattblättrige Petersilie,
ohne Stiele, gehackt

5 Basilikumblätter, fein geschnitten

2 Kerbelzweige, fein gehackt

1 Estragonzweig

2 Bundzwiebeln, gehackt

6 Cornichons, gehackt

12 in Salz eingelegte Kapern, gewässert

frisch gemahlener schwarzer Pfeffer

1 Kräuteressig und Rapsöl verrühren.
2 Alle Zutaten zur Sauce geben, gut mischen,
mit Pfeffer abschmecken.

Verwendung
Für Salate, gekochte Artischocken, Siedfleisch (Suppenfleisch).

Ravigot
Ist der Name für die klassische Vinaigrette.

Mediterrane Vinaigrette

4 kleine Fleischtomaten

4 Sardellenfilets, gehackt

½ Chilischote, in feinen Ringen

2 Knoblauchzehen, in feinen Scheiben

1 Thymianzweiglein, Blättchen vom Stiel gestreift

6 grüne Oliven, entsteint und gehackt

1 EL weißer Balsamico

½ dl/50 ml Olivenöl extra nativ

Meersalz

1 Tomaten schälen (siehe Kapitel «Rund um die Sauce»). Den Stielansatz mit einem spitzen Messer ausstechen, Tomaten vierteln und gallertartige Masse entfernen, Viertel in Würfelchen schneiden.

2 Alle Zutaten miteinander verrühren. Mit Salz abschmecken.

Verwendung

Für Tomatensalat, gebratene Zucchini.

Salsa verde

2 dl/200 ml Olivenöl extra nativ

1 Zucchino

1 kleine Zwiebel, gehackt

1 Knoblauchzehe, durchgepresst

50 g junger Spinat

5 Bärlauch- oder Basilikumblätter,
grob geschnitten

1 unbehandelte Zitrone, abgeriebene Schale

2 kleine grüne Chilischoten,
entkernt und gehackt

Kräutersalz

frisch gemahlener Pfeffer

1 EL Apfelessig

1 Zucchino beidseitig kappen, schälen. Die
Schalen fein hacken. Zucchino in Würfelchen
(Brunoise) schneiden.
2 1 EL Olivenöl in einer Saucenpfanne erwärmen (nicht erhitzen), Zucchini, Zwiebeln und
Knoblauch bei schwacher Hitze zugedeckt
10 Minuten dünsten. Spinat kurz mitdünsten.
In einer Schüssel auskühlen lassen.
3 Zucchini-Spinat-Gemisch, Bärlauch/Basilikum,
Zitronenschale und Chilschoten mit
einem Teil des Olivenöls fein pürieren, das
restliche Olivenöl zugeben, mit Kräutersalz und Pfeffer würzen. Vor dem Servieren
mit Essig abschmecken.

Verwendung

Zu Siedfleisch, Schalenkartoffeln, im Dampf
gegarten Kartoffeln.

Essig

Weil Säure das Blattgrün zerstört, sollte
der Essig immer erst kurz vor dem Servieren
unter die Sauce gerührt werden.

Karotten-Dressing

1 Schalotte, fein gehackt

1 TL Kräutersalz

1 TL grobkörniger Senf

10 g frischer Kurkuma, fein gerieben

1 cm frische Ingwer, fein gerieben

1 TL Akazienblütenhonig

½ TL milde Currymischung

3 dl/300 ml Karottensaft

4½ dl/450 ml kalt gepresstes Sonnenblumenöl

1 dl/100 ml Fruchtessig

½ Zitrone, Saft

1 Schalotten, Kräutersalz, Senf, Kurkuma, Ingwer, Honig, Currymischung und Karottensaft fein mixen.
2 Sonnenblumenöl im Faden langsam unter den Karottensaft mixen, sodass das Dressing bindet/emulgiert.
3 Zum Schluss Fruchtessig und Zitronensaft untermixen.

Verwendung
Für Blattsalate.

Variante
Dieses Dressing kann auch mit Randen-/Rote-Bete-Saft hergestellt werden.

Jogurtdressing

1 Jogurt, Senf, Kräutersalz, weißer Pfeffer,
   Koriander, Orangenschale und -saft mixen. Öl
   und Essig nach und nach untermixen.
2 Schnittlauch unterrühren.

Verwendung
   Für Blatt- und Gurkensalat.

Vorratshaltung
   Sauce ohne Schnittlauch in eine Flasche
   mit Schraubverschluss füllen. Im Kühlschrank
   aufbewahren. Vor Gebrauch immer kräftig
   schütteln.

250 g Naturjogurt

1 EL Dijonsenf

1 TL Kräutersalz

10 weiße Pfefferkörner, gemahlen

½ EL gemahlene Korianderkörner

1 unbehandelte Blondorange,

1 TL abgeriebene Schale und Saft

1 dl/100 ml Distelöl

2 EL Weißweinessig

2 Bund Schnittlauch,

fein geschnitten

Hausdressing

½ dl/50 ml Wasser

2 Spritzer Tabascosauce

1 EL milder Senf

½ EL Sojasauce

½ TL Kräutersalz

frisch gemahlener schwarzer Pfeffer

1 TL Zucker oder Akazienblütenhonig

1 dl/100 ml Rotweinessig

2 dl/200 ml Sonnenblumenöl

frisch gemahlener schwarzer Pfeffer

1 mittelgroße Zwiebel, gehackt

3 Knoblauchzehen, grob gehackt

1 rote Chilischote, aufgeschnitten, entkernt, in Streifchen

1 Zutaten inklusive Sonnenblumenöl gut verrühren, mit Pfeffer würzen. Zwiebeln, Knoblauch und Chili zugeben.
2 Dressing an einem kühlen Ort 2 Tage reifen lassen.
3 Dressing fein mixen und durch ein feines Sieb passieren.

Vorratshaltung
Dressing in eine Flasche mit Schraubverschluss füllen. Im Kühlschrank aufbewahren. Vor Gebrauch kräftig schütteln.

Vorspeise

10 kleine Bundkarotten

1 rote Frühlingszwiebel,
in feinen Ringen

je 1 Handvoll grüner und roter Schnittsalat

1 Handvoll Portulak

2 EL gekochter Quinua

Sauce

6 EL kalt gepresstes Haselnussöl

2 EL Weißweinessig

½ TL Birnendicksaft

1 TL grobkörniger Senf

frisch gemahlener weißer Pfeffer

Kräutermeersalz

1 Ewa 5 cm vom Karottengrün stehen lassen.
Karotten mit der Gemüsebürste reinigen.
Im Dampf weich kochen.

2 Schnittsalat, Portulak, Karotten und Zwiebel-
ringe auf Tellern anrichten, mit Quinua bestreuen.
Mit der Salatsauce beträufeln.

Kresse-Allerlei mit Gurkenmix

Vorspeise

Gurkenmix

2 Freilandgurken
1 EL kalt gepresstes Rapsöl
½ dl/50 ml Gemüsefond, Seite 42
Dill nach Belieben
Kräutermeersalz
wenig Hefepaste
ein Hauch Cayennepfeffer
2 EL Rettichsprossen

Salat

Gartenkresse, Brunnenkresse, Portulak
4 große, tiefe Blätter von
Radicchio/Cicorino rosso
Raps- oder andere Blüten

Sauce

4 EL kalt gepresstes Rapsöl
2 EL Weißweinessig
½ TL Senf
2 Prisen Meersalz
Akazienblütenhonig zum
Parfümieren

1 Eine Gurke schälen, dann beide Gurken zerkleinern, mit den übrigen Zutaten – ohne die Rettichsprossen – mischen. Mit dem Stabmixer nicht zu fein hacken. Eventuell nachwürzen. In tiefen Tellern anrichten. Rettichsprossen darüberstreuen.

2 Kresse und Portulak dekorativ zu einem Salatstrauß arrangieren, in die Radicchioblätter legen. Gefüllte Blätter auf den Gurkenmix stellen, mit Rapsblüten garnieren. Sauce über den Salat träufeln.

Römischer Salat mit Tomaten-Pinienkern-Vinaigrette

Kleine Mahlzeit

Salat

8 kleine Frühkartoffeln

4 kleine Köpfe Römischer
Salat/Lattichherzen

Kräutermeersalz

Vinaigrette

4 EL Apfelbalsamico oder Balsamico

6 EL Olivenöl extra nativ

Kräutermeersalz

frisch gemahlener Pfeffer

4 getrocknete Tomaten, in Streifchen

2 EL geröstete Pinienkerne

1 Kartoffeln in der Schale im Dampf weich kochen. Die Kartoffeln noch warm in dünne Scheiben schneiden, mit ein wenig Kräutersalz würzen.

2 Die äußeren Blätter vom Römischen Salat in feine Streifen schneiden, die Salatherzen halbieren.

3 Kartoffelscheiben auf Teller verteilen und mit dem festeren Teil der Vinaigrette marinieren. Römischen Salat dazulegen, mit restlicher Vinaigrette beträufeln.

Junger Spinat mit Ei auf Jogurtsauce

Vorspeise oder kleine Mahlzeit

4 Freilandeier
weiche Butter zum Ausstreichen
der Förmchen (feuerfeste Porzellan-
förmchen oder Mokkatassen)

Sauce
1 Becher (200 g) Naturjogurt
4 EL kalt gepresstes Kürbiskernöl
einige Spritzer Apfelessig
Kräutermeersalz
frisch gemahlener Pfeffer

400 g junger Spinat, entstielt
2 EL Chinakohlkeimlinge
Schnittlauchblüten nach Belieben

1 In einem Topf Wasser aufkochen, ein Dämpf-
sieb darüberlegen. Die 4 Förmchen/Tassen mit
der weichen Butter ausstreichen, mit wenig
Kräutersalz ausstreuen. Je ein Ei in jedes
Förmchen/in jede Tasse aufschlagen, auf das Sieb
setzen, zugedeckt etwa 8 Minuten dämpfen.
Die Kochzeit richtet sich nach der Wandstärke der
Förmchen/Tassen. Das Eigelb soll noch leicht
flüssig sein.

2 Teller mit der Sauce tupfenweise 2 cm vom Rand
weg zeichnen. Spinatblätter von außen nach
innen zu einer Blume legen. Garnieren mit China-
kohlkeimlingen und Schnittlauchblüten; nach
Belieben mit wenig Salatsauce marinieren. Je 1 Ei
in die Mitte setzen, kurz vor dem Servieren
anschneiden, damit das Eigelb in den Salat läuft.
In Kombination mit der Salatsauce entfaltet
sich eine köstliche Geschmackssinfonie.

Mahlzeit

Knurrhahn

½ TL Anissamen

einige schwarze Senfkörner

10 rosa Pfefferkörner

½ TL Meersalz

4 Knurrhahnfilets, je 120 g

3 EL Limonen-Oliven-Öl

1 Bund Barba di Frate/Mönchsbart

frisch gemahlener schwarzer Pfeffer

Kräutermeersalz

1 TL Butter

1 Schalotte, fein gehackt

1 dl/100 ml Weißwein

Limetten-Oliven-Öl zum Beträufeln

Pfeffer-Apfel-Vinaigrette

1 dl/100 ml Balsamico

2 Scheiben geschälter Ingwer

2 TL kalt gepresstes Distelöl

1 EL rosa Pfefferkörner

wenig Kräutermeersalz

2 dl/200 ml Wasser

1 EL Zucker

1 großer fest kochender

säuerlicher Apfel

1 Für den Knurrhahn Anissamen, Senfkörner, rosa Pfefferkörner und Salz im Mörser zerstoßen. Fischfilets auf der Innenseite mit der Gewürzmischung bestreuen, mit 1 EL Limetten-Oliven-Öl beträufeln. 1 Stunde oder länger zugedeckt marinieren.

2 Barba di Frate von den holzigen Enden befreien, im Dampf etwa 2 Minuten garen. Gemüse auf ein Kuchenblech legen, mit Pfeffer, restlichem Limetten-Oliven-Öl und Kräutersalz würzen.

3 Backofen auf 140 °C vorheizen.

4 Barba di Frate in 4 Portionen teilen. Fischfilets mit Hautseite nach unten auf die Arbeitsfläche legen, je eine Portion Barba di Frate in jedes Fischfilet einrollen. Mit Küchenfaden umwickeln.

5 In einer Sauteuse die Butter zerlassen, gehackte Schalotten andünsten, Weißwein zugeben, aufkochen, Fischrouladen in die Sauteuse legen. Im vorgeheizten Ofen bei 140 °C 20 Minuten dünsten.

6 Für die Pfeffer-Apfel-Vinaigrette den Balsamico mit dem Ingwer auf 2 TL einkochen lassen. Ingwer entfernen. Distelöl und rosa Pfefferkörner zufügen, mit Kräutersalz abschmecken. Apfel schälen, vierteln und entkernen, Fruchtviertel in Würfelchen schneiden. Wasser und Zucker aufkochen, Apfelwürfelchen darin kurz köcheln, abgießen, zur Vinaigrette geben.

7 Faden der Fischröllchen entfernen, die Röllchen mit Limetten-Oliven-Öl beträufeln, anrichten, mit der Vinaigrette garnieren.

Tipp

Mit Baguette servieren.

Barba di frate/Mönchsbart

Ein Frühlingsgemüse, das im Mittelmeerraum an den Küsten wächst. Es wird blanchiert oder im Dampf gegart, kann aber auch mit Olivenöl und Zitrone mariniert als Salat genossen werden. Barba di Frate passt besonders gut zu Fisch.

Peperonitörtchen mit Curryricotta

Vorspeise oder kleine Mahlzeit

Peperonitörtchen

4 rote Peperoni/ Paprikaschoten

1 EL Kräuteressig

2 EL Olivenöl extra nativ

frisch gemahlener

schwarzer Pfeffer

½ EL Fleur de Sel

1 EL Pinienkerne

2 EL Madras-Currymischung

1 Handvoll abgezupfte Korianderblätter,

gehackt

1 Prise Chilipulver

½ TL Kräutermeersalz

1 Msp gemahlene Koriandersamen

200 g Ricotta

Pinienkern-Vinaigrette

1 EL 10-jähriger Balsamico

4 EL kalt gepresstes Pinienkernöl

½ TL Meersalz

1 Prise Zucker

1 EL heißes Wasser

frisch gemahlener schwarzer

Pfeffer

2 EL geröstete Pinienkerne

4 Handvoll Sprossen

1 Backofengrill auf 230 °C vorheizen. Backblech mit Backpapier belegen.

2 Peperoni halbieren, Stielansatz, Kerne und weiße Teile entfernen. Schoten flach drücken, auf das Blech legen. Auf der obersten Schiene in den Ofen schieben und bei 230 °C 15 Minuten rösten; die Haut soll Blasen gebildet haben und schwarz sein. Aus dem Ofen nehmen. Schoten ein paar Minuten mit einem feuchten Tuch bedecken. Die Haut der noch warmen Schoten abziehen. Mit einem Ausstecher von 4 cm Durchmesser 18 Rondellen ausstechen. Kräuteressig mit Olivenöl verquirlen, würzen mit schwarzem Pfeffer, Peperonirondellen damit beträufeln, mit Fleur de Sel bestreuen, 1 Stunde oder länger marinieren.

3 Gehackte Pinienkerne mit dem Curry in einer kleinen beschichteten Bratpfanne bei mittlerer Hitze rösten, mit Koriandergrün, Chilipulver, Kräutersalz und Korianderpulver unter den Ricotta rühren. Ricottamasse in einen Spritzbeutel mit mittelgroßer Lochtülle füllen, spiralförmig etwa 5 mm hoch auf 6 Peperonirondellen spritzen, je 1 Rondelle darauflegen, leicht andrücken, den Vorgang wiederholen, sodass ein 3-schichtiges Peperonitörtchen entsteht. Zugedeckt 1 Stunde in den Kühlschrank stellen.

4 Für die Vinaigrette Balsamico, Pinienkernöl, Salz und Zucker verquirlen, heißes Wasser unterrühren, mit Pfeffer abschmecken, Pinienkerne zugeben.

5 Die Hälfte der Peperonitörtchen halbieren, mit ganzem Törtchen anrichten, mit Sprossen und Pinienkernen garnieren, mit der Vinaigrette beträufeln.

Currypulver
Durch das Rösten können sich die verschiedenen Aromen besser entfalten.

Vorspeise

2 Äpfel, Maigold oder Idared

4 Spross Stangen-/Staudensellerie

1 rundbauchiger Fenchel

1 kleiner Kohlrabi

50 g geröstete Cashewkerne

Dressing

1 dl/100 ml Apfelsaft

4 EL Baumnussöl/Walnussöl

2 EL Minzessig

½ TL frisch gemahlener schwarzer Pfeffer

4 Minzezweiglein

1 Äpfel mit Schale vierteln, das Kerngehäuse entfernen, Apfelviertel in feine Spalten schneiden.

2 Sellerie schälen (alles Grobfasrige entfernen), in 5 mm dicke Scheiben schneiden. Fenchel längs in hauchdünne Scheiben schneiden. Kohlrabi schälen, in Stäbchen schneiden, etwas dicker als Zündhölzer.

3 Gemüse und Äpfel gefällig auf Tellern anrichten, mit den Cashewkernen und der gezupften Minze garnieren, mit Pfeffer bestreuen. Dressing separat servieren.

Fenchel

Rundbauchiger Fenchel ist zarter und hat mehr Geschmack als der länglich gewachsene, flache Fenchel.

Minzessig

7 dl/700 ml erstklassigen weißen Balsamico, 1 EL Zucker, 2–3 Minzzweiglein (eine fruchtige Sorte nehmen, z. B. Apfelminze, Chartreuse-Minze, Limonen-Minze), 1 TL zerstoßene schwarze Pfefferkörner und 1 getrocknete rote Chili-schote in eine dunkle Flasche mit Schraubver-schluss/Zapfen füllen. 2 Tage an einem sonnigen Ort stehen lassen. Dann 1 Monat im Keller ziehen lassen. Ein Spitzsieb mit einem Baumwoll-tuch auskleiden, Essig passieren. Haltbarkeit: 6 Monate

Vorspeise

2 Trevisano/Radicchio di Treviso

2 Brüsseler Endivien/weißer Chicorée

2 Blondorangen

Sauce

1 dl/100 ml Gewürztraminer

oder Apfelsaft

aufgefangener Orangensaft

wenig getrocknete Arabische

Minze (Gewürzladen)

1 TL Olivenöl extra nativ

50 g Speckstreifen

1 TL Honig

1 EL Orangen-Oliven-Öl

1 TL Apfelessig

1 Prise Cayennepfeffer

1 Orangen großzügig schälen, auch die weiße Haut entfernen, Segmente aus den Trennhäutchen schneiden und entkernen, den Saft auffangen.

2 Getrocknete Minze in eine Schüssel geben, Gewürztraminer und aufgefangenen Orangensaft aufkochen, über die getrocknete Minze gießen, zugedeckt etwa 10 Minuten ziehen lassen.

3 Speckstreifen in einer Bratpfanne im Olivenöl knusprig braten, mit Orangen-Minze-Fond ablöschen, Honig, Orangenöl und Essig zugeben, mit Cayennepfeffer abschmecken.

4 Trevisano und Brüsseler Endivie in die Blätter zerlegen, mit den Orangensegmenten in Schalen stellen, Sauce darüber verteilen.

Tipp

Wenn Speck im «Spiel» ist, Hände weg von Salz!

Orangen-Oliven-Öl

Für die Herstellung dieses Öls werden halbreife Oliven in Bioqualität mit ungeschälten biologischen Orangen gepresst. Das Öl hat eine feine fruchtige Duftnote und kann sehr individuell zum Abrunden von Speisen eingesetzt werden. Nebst fruchtigen Salaten harmoniert es auch mit Fisch und Geflügel.

Vorspeise

für 4 Crêpes von 24 cm Durchmesser

Crêpeteig

1 großes Freilandei (60 g)

1 Prise Meersalz

1 Prise geriebene Muskatnuss

25 g Buchweizenmehl

½ dl/50 ml Milch

1 EL flüssige Butter

1 TL Bratbutter/Butterschmalz

zum Braten

Füllung

2 geräucherte Forellenfilets

120 g Magerquark

frisch gemahlener Koriander

frisch gemahlener weißer Pfeffer

1 Prise Fleur de Sel

10 g Senfsprossen

4 grüne Radicchio/Cicorino verde

1 Bund Radieschen

1 frischer Wasabi (Japanischer

Meerrettich)

Vinaigrette

1 EL Himbeeressig

1 TL Kräutermeersalz

1 Prise Zucker

2 EL Haselnussöl

Schnittlauch für die Garnitur

Fleur de Sel zum Bestreuen

1 Für den Crêpeteig Ei mit Salz und Muskatnuss aufschlagen, zuerst das Buchweizenmehl, dann die Milch und die Butter unterrühren. 20 Minuten zugedeckt stehen lassen.

2 Eine Bratpfanne aufheizen, mit Bratbutter einpinseln. Ein Viertel des Teigs auf den Boden gießen, Crêpe beidseitig hell braten. Bratpfanne wieder mit Bratbutter einpinseln und wieder eine Crêpe braten, fortfahren, bis der Teig aufgebraucht ist. Auf einem Kuchengitter auskühlen lassen.

3 Forellenfilets häuten und in größere Stücke schneiden. Quark mit Koriander, Pfeffer und Fleur de Sel würzen, auf den Crêpes verstreichen. Sprossen und Forellenstücke auf dem Quark verteilen. Aufrollen. 2 Stunden kühl stellen.

4 Radicchio in die Blätter zerlegen. Radieschen in feine Scheiben schneiden.

5 Buchweizenrollen in etwa 2 cm dicke Scheiben schneiden. Je 3 auf einem Teller anrichten. Teller mit Radicchio, Wasabirettich, Radieschen und Schnittlauch garnieren. Salat mit der Vinaigrette beträufeln, mit Fleur de Sel bestreuen.

Tipp

Die Buchweizencrêpes mit geräuchertem Lachs belegen. So lassen sie sich satter einrollen. Mit einem Zahnstocher fixiert, können sie als Fingerfood serviert werden.

Spezialsaucen

Die Chutneys

Die süßsäuerlichen und pikant-süßen dickflüssigen Saucen stammen ursprünglich aus Indien. Sie können aus Früchten oder Gemüse hergestellt sein. Wichtige Gewürze sind Ingwer, Pfeffer, Koriander, Chili, Zucker und Essig oder Zitrone.

Aprikosenchutney **195**

Mangochutney **198**

Schalottenchutney **199**

Feigenchutney **200**

Rezepte

Pouletflügelchen mit Feigenchutney **202**

Rehterrine mit Aprikosenchutney **204**

Aprikosenchutney

Aprikosenchutney

500 g sonnengereifte Aprikosen

2 geöffnete Aprikosensteine

1 dl/100 ml Süßwein (Tokaier oder Sauternes)

1 Zitronengrasstängel (nur das Herz), fein geschnitten

50 g Galgantwurzel, klein gewürfelt (Ersatz für Ingwer)

2 EL Akazienblütenhonig

4 EL weißer Balsamico

½ TL Zitronenpfeffer

1 Msp Nelkenpfeffer (Piment)

1 Msp Cayennepfeffer

1 Aprikosen halbieren und entsteinen.
2 Die Hälfte der Aprikosenhälften halbieren. Die restlichen Fruchthälften in Würfelchen schneiden.
3 Süßwein in einer Saucenpfanne aufkochen, geviertelte Früchte und geöffnete Aprikosensteine zugeben, 3 Minuten köcheln. Aprikosensteine entfernen.
4 Aprikosen in einen Messbecher oder in eine Schüssel füllen, mit dem Stabmixer pürieren.
5 Zitronengras, Galgant, Akazienblütenhonig und weißen Balsamico aufkochen, 10 Minuten köcheln.
6 Aprikosenwürfelchen in die Pfanne geben, bei schwacher Hitze bissfest garen, Aprikosenpüree unterrühren.
7 Aprikosenchutney kochendheiß in Einmachgläser füllen. Sofort verschließen.

Verwendung

Das Chutney passt zu Terrinen und Currys.

Variante

Aprikosen durch Pfirsiche, Nektarinen, Zwetschgen oder Pflaumen ersetzen.

Mangochutney

3 dl/300 ml Apfelsaft

100 g Palmzucker

1 Zimtstange

1 EL Korianderkörner

½ TL getrocknete zerkrümelte Chilischote

4 Kardamomkapseln

1 Vanilleschote, aufgeschnitten

5 cm Ingwer, geschält, in feinen Scheiben

2 reife Mangos

1 EL Maisstärke

2 EL Apfelsaft

3 EL Weißweinessig

1 Mangos schälen und in Spalten vom Stein schneiden. Das Fruchtfleisch in kleine Stücke schneiden.
2 Apfelsaft, Zucker und Gewürze aufkochen, Mangos beifügen, bei schwacher Hitze 10 Minuten köcheln. Vanilleschote entfernen.
3 Maisstärke mit dem Apfelsaft glattrühren, mit dem Weißweinessig unter die Früchte rühren, kurz köcheln lassen.
4 Chutney auf der ausgeschalteten Wärmequelle zugedeckt auskühlen lassen.

Verwendung
Passt zu Currys und Fleischfondues.

Schalottenchutney

100 g Zucker

500 g Schalotten, in feinen Scheiben

2 dl/200 ml Weißweinessig

½ l Weißwein, z. B. Riesling

Gewürzsäckchen

1 EL zerstoßene Korianderkörner

½ EL zerstoßene schwarze Pfefferkörner

Zesten von ½ unbehandelter Zitrone

1 EL getrockneter Thymian

Zucker in einer Saucenpfanne hellbraun karamellisieren, die Schalotten im Karamell 2 Minuten glacieren, mit Weißweinessig ablöschen, aufkochen, bei schwacher Hitze vollständig einkochen lassen. Weißwein und Gewürzsäckchen zugeben, aufkochen, das Chutney bei schwacher Hitze 30 Minuten oder länger köcheln lassen. Zugedeckt auskühlen lassen oder kochendheiß in Gläser mit Schraubverschluss füllen.

Verwendung

Zu Siedfleisch (Suppenfleisch), zum Veredeln von Demiglace.

Schalotte

Wird auch Edelzwiebel oder Echalotte genannt. Das Würzgemüse ist von mildem Geschmack. Es wird immer dann verwendet, wenn der scharfe Zwiebelgeschmack unerwünscht ist.

Feigenchutney

1½ kg frische Feigen

200 g Zucker

1 l Rotwein, z. B. Merlot

2 EL Korianderkörner

15 Wacholderbeeren

2 Sternanis

1 getrocknete rote Chilischote, zerrieben

1 TL Maisstärke

2 EL Portwein

100 g Birnendicksaft

1 Feigen schälen, Stielansatz entfernen, Früchte würfeln.
2 Zucker in einer Saucenpfanne karamellisieren, mit Rotwein ablöschen. Koriander, Wacholderbeeren, Sternanis und Chili zugeben, die Flüssigkeit auf die Hälfte einkochen lassen. Die Reduktion durch ein feines Sieb passieren.
3 Maisstärke mit dem Portwein glattrühren.
4 Feigen zur Rotweinreduktion geben, unter vorsichtigem Rühren mit der Holzkelle aufkochen, Maisstärke und Birnendicksaft unterrühren, aufkochen. Zugedeckt auskühlen lassen oder kochendheiß in Gläser mit Schraubverschluss füllen, sofort verschließen.

Verwendung
Zu Wildgerichten oder zum Veredeln von Wildsaucen.

Pouletflügelchen mit Feigenchutney

Mahlzeit

12 Poulet-/Hähnchenflügelchen

1 TL getrockneter Thymian

2 Knoblauchzehen, gehackt

1 EL Chiliöl

1 TL Fleur de Sel

1 TL Feigen-Balsamico

Olivenöl extra nativ

1 Rezeptmenge Feigenchutney,
Seite 200

1 Backofen auf 250 °C vorheizen.

2 Thymian, Knoblauch, Chiliöl, Fleur de Sel und Feigen-Balsamico im Mörser zu einer Paste zerstoßen.

3 Pouletflügelchen mit der Gewürzpaste in einer Schüssel gut mischen. 1 Stunde marinieren.

4 Pouletflügelchen auf ein Backblech verteilen, mit Olivenöl beträufeln. Das Blech auf mittlerer Schiene in den Ofen schieben, Flügelchen bei 250 °C 15 Minuten grillen, häufig wenden.

5 Pouletflügelchen auf dem warmen Feigen-chutney anrichten.

für eine Terrinenform von ½ l Inhalt

150 g Rehfleisch zum Kurzbraten

50 g Rehrückenfleisch

50 g Doppelrahm/Crème double

1 Msp Cayennepfeffer

1 Msp Kardamompulver

Kräutermeersalz

1 TL Olivenöl extra nativ

2 Rehfilets

100 g Eierschwämmchen/Pfifferlinge,
klein geschnitten

1 Schalotte, fein gehackt

1 Thymianzweiglein, Blättchen
abgestreift

frisch gemahlener schwarzer Pfeffer

5 cl Noilly Prat

½ dl/50 ml Wildfond, Seite 48

8 Scheiben Rohschinken

8 Wacholderbeeren, zerstoßen

10 schwarze Pfefferkörner, zerstoßen

1 Rosmarinzweig, Nadeln abgestreift

Aprikosen-Chutney, Seite 196

1 Rehfleisch (150 g) zuerst in feine Scheiben, diese in Streifen, diese wiederum in Würfelchen schneiden und dann fein hacken.

2 Rehrücken in 3 mm große Würfelchen schneiden, mit dem Doppelrahm vermengen, würzen mit Cayennepfeffer, Kardamom und Kräutersalz. Im Kühlschrank zugedeckt 2 Stunden durchziehen lassen.

3 Rehfilets in einer Bratpfanne im Olivenöl kräftig anbraten, zum Abkühlen auf einen Teller legen.

4 Pilze und Schalotten in der Fleischpfanne anbraten, mit wenig Kräutersalz, Thymian und Pfeffer würzen, mit Noilly Prat ablöschen, erhitzen, in ein Sieb geben, den Fond auffangen.

5 Pilzfond und Wildfond in die Bratpfanne gießen und dickflüssig (sirupähnlich) einkochen. Rehfilets im eingekochten Pilzjus wenden. Kühl stellen.

6 Pilze in ein Schüsselchen geben, mit restlichem Pilzjus mischen, kühl stellen.

7 Immer zwei Scheiben Rohschinken quer in die Form legen, sie sollen sich überlappen und über den Rand der Form reichen. Mit restlichen Scheiben ebenso verfahren.

8 Pilze, abgekühltes und rohes Rehfleisch mischen, eventuell nachwürzen. Die Hälfte der Masse in die Terrinenform verteilen. Die Rehfilets längs darauflegen, mit restlicher Masse zudecken, fest andrücken, mit dem Rohschinken zudecken. Gewürze und Rosmarin darüber verteilen.

9 Die Terrinenform in ein tiefes Backblech stellen. 1 l Wasser erhitzen, in das Blech gießen. Auf mittlerer Schiene in den Ofen schieben. Terrine bei 150 °C 30 Minuten pochieren, bis sie eine Kerntemperatur von 68 °C hat. Auskühlen lassen. 24 Stunden kühl stellen.

Die Saucen aus aller Welt

Globalisierung ist in aller Munde. Auch kulinarisch rückt die Welt je länger je mehr zusammen. Viele fremdländische Gewürze, Früchte und Gemüse haben in unserem kulinarischen Alltag einen festen Platz gefunden. Dank dieser Entwicklung ist unsere Küche vielfältiger und spannender geworden.

Guacamole – Mexiko **207**

Salsa cruda – Spanien **210**

Tzatziki – Griechenland **211**

Grüne Masala – Indien **212**

Apfel-Kren-Sauce – Österreich **214**

Fonduta – Italien **215**

Currysauce – Thailand **216**

Rezepte

Gefüllte Artischocken **218**

Tofu-Kaffee-Hackbraten mit klarer Chilisause **220**

Geldbeutel mit Gewürzhackfleisch und Salsa cruda **222**

Gegrillte Thunfischmedaillons mit Pfirsich-Chili-Salsa **224**

Torrejas auf Ananas-Minze-Salsa **226**

Guacamole – Mexiko

Guacamole – Mexiko

2 reife Avocados

1 rote Chilischote, entkernt, fein gehackt

2 gelbe Tomaten

1 kleine rote Zwiebel, fein gehackt

1 Korianderzweig, Blätter abgezupft und fein gehackt

1 Limette, Saft

¾ TL Meersalz

1 Chilischote längs halbieren und entkernen, in Streifchen schneiden.
2 Avocados halbieren, Stein entfernen. Schale entfernen.
3 2 Avocadohälften in einer Schüssel mit einer Gabel fein zerdrücken.
4 Restliche Avocados in Würfelchen schneiden.
5 Tomaten schälen: Siehe Kapitel «Rund um die Sauce». Stielansatz mit einem spitzen Messer ausstechen. Tomaten vierteln. Gallertartige Masse samt Kernen entfernen. Tomatenfleisch in Würfelchen schneiden.
6 Chili, Tomaten, Zwiebeln, Koriander und Avocadowürfelchen unter die Avocadomasse rühren, mit Limettensaft und Salz abschmecken.

Verwendung

Zum Dippen, zu Tortillas und Crostinis zu Schalenkartoffeln, für Fischfondue.

Salsa cruda – Spanien

4 Ramati-Tomaten

2 gelbe Tomaten

½ dl/50 ml Gemüsebrühe

1 Bundzwiebel, gehackt

2 Knoblauchzehen, in feinen Scheiben

½ grüne Chilischote, entkernt, gehackt

1 EL Sherryessig

1 EL Olivenöl extra nativ

Fleur de Sel

1 Prise Zucker

1 Tomaten schälen: Siehe Kapitel «Rund um die Sauce». Stielansatz mit einem spitzen Messer ausstechen. Die Tomaten vierteln. Gallertartige Masse mit den Kernen entfernen.

2 Gallertartige Masse und Gemüsebrühe in einer Saucenpfanne 5 Minuten kochen. Mit leichtem Druck durch ein feines Sieb passieren, Fond auffangen.

3 Tomatenfleisch in Würfelchen schneiden.

4 Tomatenwürfelchen, Zwiebeln, Knoblauch, Chili, Essig und Öl mischen, Tomatenfond unterrühren, mit Fleur de Sel und Zucker abschmecken.

Verwendung

Zu Fleischfondue, gegrilltem Fisch.

Tzatziki – Griechenland

1 TL Fenchelsamen

1 TL Kreuzkümmelsamen

1 TL frisch gemahlener schwarzer Pfeffer

1 EL Meersalz

100 g griechischer Schafsmilchjogurt

½ Freilandgurke

1 Knoblauchzehe, gehackt

1 Bund Schnittlauch, fein geschnitten

1 Für die Tzatziki-Gewürzmischung Fenchel-samen, Kreuzkümmel und Pfeffer im Mörser zerstoßen, mit dem Meersalz mischen.

2 Gurke schälen, längs vierteln und entkernen, in Würfelchen schneiden.

3 Gewürzmischung unter den Jogurt rühren, Gurken, Knoblauch sowie Schnittlauch eben-falls unterrühren.

Verwendung

Zu Fleischfondue.

Grüne Masala – Indien

1 TL Bockshornkleesamen,
über Nacht in Wasser eingeweicht

10 grüne Kardamomkapseln

4 Gewürznelken

2 TL geriebener Kurkuma

4 Knoblauchzehen, gehackt

ca. 5 cm frischer Ingwer, geschält und gerieben

2 EL Fleur de Sel

1 Bund Thai-Minze, Blättchen abgezupft und gehackt

1 Bund Koriander, Blättchen abgezupft und gehackt

1 kleiner grüner Peperoni/Paprikaschote

½ dl/50 ml Apfelessig

1 El geröstetes Sesamöl

½ dl/50 ml kalt gepresstes Sonnenblumenöl

1 Kardamomkapseln und Gewürznelken im Mörser zerstoßen, mit Kurkuma, Knoblauch und Ingwer in einer Bratpfanne ohne Fett rösten, im Mörser fein zerstoßen.

2 Bockshornkleesamen in einem Siebchen unter fließendem Wasser waschen.

3 Peperoni mit Sparschäler schälen, Stielansatz, Kerne und weiße Teile entfernen.

4 Alle Zutaten im Mixer fein pürieren.

Tipp
Die grüne Masala (Gewürzpaste) ist im Kühlschrank 3 bis 4 Tage haltbar.

Verwendung
Zu Geflügel-, Krevetten- und Gemüsegerichten, zu Fischfondue.

Apfel-Kren-Sauce – Österreich

2 EL Magerquark

1 TL Akazienblütenhonig

1 säuerlicher Apfel

50 g Meerrettich (Kren)

½ TL Kräutersalz

Quark und Honig verrühren. Apfel und Meerrettich schälen, auf einer feinen Reibe zum Quark reiben, abschmecken mit Kräutersalz.

Tipp

Die Sauce kann auch ohne Magerquark zubereitet werden. Dann braucht man aber zusätzlich 1 TL Zitronensaft.

Verwendung

Zu Siedfleisch (Suppenfleisch).

Kren

So wird der Meerrettich in Österreich genannt.

Fonduta – Italien

1 dl/100 ml Milch

300 g Rohmilchkäse, Fontina oder

Freiburger Vacherin

2 Eigelbe von Freilandeiern

40 g weiche Butter

1 mittelgroßer Lauch, nur helle Teile

2 EL Trüffelbutter oder wenig Trüffelöl

½ TL Fleur de Sel

frisch geriebene Muskatnuss

frisch gemahlener schwarzer Pfeffer

2–3 Zweiglein Thymian

1 Milch in eine Chromstahlschüssel geben, den Käse auf einer groben Reibe/Röstiraffel dazureiben, untermischen. Schüssel mit Klarsichtfolie verschließen, über Nacht im Kühlschrank reifen lassen.

2 Lauch in feine Streifen schneiden, über Dampf knackig garen.

3 Eigelbe, Butter und Lauch unter die Käsemasse rühren. Über dem kochenden Wasserbad (siehe Kapitel «Rund um die Sauce») unter Rühren köcheln, bis der Käse geschmolzen und cremig ist. Würzen mit Trüffelbutter/Trüffelöl, Salz, Muskatnuss, Pfeffer und abgezupften Thymianblättchen.

Tipp

Damit die Fonduta einen schönen Schmelz bekommt, muss unbedingt Rohmilchkäse genommen werden.

Verwendung

Lässt sich wunderbar mit weißer Trüffel und Tagliatelle (Tajarin) kombinieren. Zu gekochtem Gemüse und pochierten Eiern.

Currysauce – Thailand

1 EL Sesamöl

2 Schalotten, fein gehackt

1 cm Ingwerwurzel, geschält, fein gehackt

1 roter Thai-Chili, entkernt, fein gehackt

2 Knoblauchzehen, fein gehackt

½ Zitronengrasstängel (nur das Herz), fein gehackt

1 TL Kurkuma

1 dl/100 ml Kokosnussmilch

1 dl/100 ml Geflügelfond, Seite 40

½ EL thailändische Fischsauce «Nam pla» (Asienladen)

1 Limette, Saft

2 Kaffirlimettenblätter, fein geschnitten

1 Zweig Thai-Basilikum, Blättchen abgezupft und gehackt

1 Sesamöl in einer Saucenpfanne bei mittlerer Hitze erwärmen, Gewürze inklusive Kurkuma zugeben, unter Rühren etwa 10 Minuten dünsten. Die Hälfte der Kokosmilch zugeben und unter Rühren einkochen lassen, bis sich eine Fettschicht gebildet hat. Mit restlicher Kokosnussmilch und Geflügelfond auffüllen, bei mittlerer Hitze 20 Minuten köcheln. Sauce mit dem Stabmixer grob pürieren.
2 Currysauce aufkochen, mit Fischsauce, Limettensaft, Kaffirlimettenblättern und Basilikum abrunden.

Kaffirlimettenblätter
Erst am Schluss beigeben, weil die Blätter bei längerem Kochen bitter werden.

Verwendung
Zu Geflügel- und Fischgerichten, Reis und frischen Eiernudeln.

Nam pla
Thailändische Fischsauce, auch Salz der Thaiküche genannt.

Gefüllte Artischocken

Mahlzeit

Sauce

40 g Kichererbsen, über Nacht
in Wasser eingeweicht

1 Lorbeerblatt, 1 Macisblüte

1 Fleischtomate, geschält,
Stielansatz ausgestochen, Tomate
geviertelt, gallertartige Masse
entfernt, Fruchtfleisch gewürfelt

1 dl/100 ml dunkler Kalbsfond, Seite 46

1 Prise Safranfäden, 1 Prise Meersalz

1 Zitrone, Saft

½ dl/50 ml Orangen-Oliven-Öl

½ Chilischote, entkernt, in Streifchen

frisch gemahlener schwarzer Pfeffer

Gefüllte Artischocken

8 mittelgroße Artischocken

1 EL Olivenöl extra nativ

400 g gemischtes Hackfleisch

2 kleine Zwiebeln, gehackt

1 Fleischtomate, Zubereitung siehe oben

1 Zucchino, geschält, fein gehackt

Kräutermeersalz

frisch gemahlener schwarzer Pfeffer

1 EL Kreuzkümmelsamen

1 TL Kubebenpfeffer (Stielpfeffer)

1 TL edelsüßes Paprikapulver

1 dl/100 ml Gemüsebrühe

½ dl/50 ml Rahm/Sahne

100 g Pecorino, fein gerieben

1 getrocknete Chilischote,
zerrieben

1 Eingeweichte Kichererbsen in ein Sieb gießen, mit kaltem Wasser überbrausen. Mit Lorbeer und Macisblüte in einen Topf geben, mit kaltem Wasser bedecken, aufkochen, Kichererbsen etwa 45 Minuten kochen, bis sie weich sind. Beiseite stellen. Gewürze entfernen, abgießen.

2 Tomatenwürfelchen, Kalbsfond, Safranfäden und Salz aufkochen, bei schwacher Hitze 5 Minuten köcheln. Kichererbsen zugeben, erhitzen, pürieren. Zitronensaft, Orangen-Oliven-Öl und Chili unterrühren, mit Pfeffer würzen. Kurz vor dem Servieren erhitzen. Separat servieren.

3 Von den Artischocken den Boden auslösen. Dafür zuerst den Stiel abschneiden, dann die Blätter vorsichtig abbrechen, ohne den Boden zu verletzen. Die grünen Stellen mit einem Sparschäler entfernen, Boden rund schneiden. Artischockenböden in Salzwasser etwa 10 Minuten garen. Die Böden mit einem Schaumlöffel herausnehmen und unter kaltem Wasser abschrecken. Blütenfäden (Heu) mit spitzem Löffel entfernen.

4 Für die Artischockenfüllung das Olivenöl erhitzen, das Hackfleisch anbraten, Zwiebeln, Tomatenwüfelchen und Zucchini zugeben und kurz mitdünsten, mit Kräutersalz und Pfeffer würzen, zugedeckt 10 Minuten köcheln. Kreuzkümmel und Kubebenpfeffer im Mörser zerstoßen, mit Paprikapulver zum Fleisch geben, Flüssigkeit offen einkochen lassen. Fleisch in die Artischockenböden füllen.

5 Backofen auf 220 °C vorheizen.

6 Eine Gratinform mit Butter einfetten. Gemüsebrühe aufkochen und in die Form gießen. Gefüllte Artischockenböden in die Form stellen. Im vorgeheizten Ofen bei 220 °C 10 Minuten backen. Temperatur auf 240 °C Oberhitze erhöhen. Rahm steif schlagen, Pecorino und Chili unterrühren, über die Artischocken verteilen. Bei 240 °C 5 Minuten überbacken.

Tofu-Kaffee-Hackbraten mit klarer Chilisauce

Mahlzeit

für eine Cake-/Kastenform von 22 cm Länge

100 g Couscous

1 dl/100 ml Espresso

½ dl/50 ml Wasser

1 EL Olivenöl extra nativ

1 TL Meersalz

50 g Champignons, in feinen Scheiben

50 g roter Peperoni/Paprikaschote,
fein gehackt

1 kleine Karotte, fein gerieben

1 TL Madras-Currymischung

200 g weicher Tofu, zerdrückt

30 g gehackte Cashewkerne

1 Bund Schnittlauch, fein geschnitten

1 Freilandei

2 EL Magerquark

weiche Butter für die Form

Sesamsamen für die Form

Chilisauce

1 roter Peperoni/Paprikaschote,
geviertelt, Stielansatz und Kerne entfernt

1 kleine Zwiebel, fein gehackt

1 kleine Knoblauchzehe, durchgepresst

1 Chilischote, aufgeschnitten, entkernt

3 dl/300 ml Gemüsefond, Seite 42

2 Spritzer Apfelessig

1 TL heller Birnendicksaft

½ TL Maisstärke

1 EL Noilly Prat

Kräutermeersalz, schwarzer Pfeffer,
fein geschnittener Schnittlauch

20 g kalte Butterstückchen

1 Die Cakeform mit Butter einfetten und mit Sesamsamen ausstreuen. Backofen auf 200 °C vorheizen.

2 Couscous auf die Arbeitsfläche streuen, mit ein wenig kaltem Espresso bespritzen, Kaffee mit den Fingerspitzen in das Getreide «einmassieren», diesen Vorgang wiederholen, bis der Espresso aufgebraucht ist. Danach das Wasser «einmassieren», bis das Getreide gesättigt ist. Das dauert etwa 8 Minuten. Öl darüberträufeln, das Salz darüberstreuen, in das Getreide «einmassieren», damit es nicht zusammenklebt und Aroma bekommt. Couscous in ein feines Baumwoll- oder Leinentüchlein füllen, in ein Sieb legen, über Dampf 20 Minuten garen, in eine Schüssel umfüllen und mit den restlichen Zutaten vermengen. In die Cakeform füllen.

3 Couscous-Hackbraten im vorgeheizten Ofen bei 200 °C 30 Minuten backen. Nach halber Backzeit die Form mit Alufolie zudecken.

4 Für die Sauce Peperoni, Zwiebeln, Knoblauch und Chili mit dem Gemüsefond aufkochen, etwa 20 Minuten bei schwacher Hitze köcheln, durch ein feines Sieb passieren. Chilsauce erhitzen, Apfelessig, Birnendicksaft und der mit der Maisstärke verrührte Noilly Prat unterrühren, mit Kräutersalz, Pfeffer und fein geschnittenem Schnittlauch abschmecken. Butterstückchen unterrühren, Sauce nicht mehr kochen.

Mahlzeit

1 Paket Brik- oder Strudelteig

Füllung

2 Toastbrotscheiben,
ohne Krume/Rinde

2 EL Milch

50 g geräucherter Speck

½ roter Peperoni/Paprikaschote

1 kleine Zwiebel, fein gehackt

2 Knoblauchzehen, gehackt

½ TL Chilipulver

4 Kardamomkapseln

4 Szechuanpfefferkörner

2 Pimentkörner

½ TL Kreuzkümmelsamen

1 EL Meersalz

150 g Rinderhackfleisch

1 Bund Koriander,
fein gehackt

frisch gemahlener
schwarzer Pfeffer

Erdnussöl zum Ausbacken

Salsa Cruda, Seite 210

1 Toastbrot in kleine Würfel schneiden, mit der Milch mischen.

2 Chilipulver, Kardamom, Pfeffer, Piment, Kreuzkümmel und Salz im Mörser zerstoßen.

3 Stielansatz, Kerne und weiße Teile beim Peperoni entfernen, Schoten in Würfelchen schneiden. Eine Bratpfanne erhitzen, den Speck bei mittlerer Hitze knusprig braten, Peperoni, Zwiebeln und Knoblauch zugeben, bei mittlerer Hitze kurz mitbraten, Gewürze und Toastbrot zugeben und bei schwacher Hitze unter Rühren 5 Minuten dünsten, zugedeckt auskühlen lassen.

4 Hackfleisch, ausgekühlte Brot-Gewürz-Masse und gehackten Koriander mischen, in 8 Portionen teilen und Kugeln formen.

5 Aus dem Teig Quadrate von 10 cm Seitenlänge schneiden, die Fleischkugeln darauflegen, Teigenden über der Füllung zusammendrehen, mit Küchengarn zusammenbinden.

6 Backofen auf 80 °C vorheizen.

7 Das Öl in der Fritteuse oder in der Bratpfanne auf 180 °C erhitzen, Geldbeutel 4 Minuten frittieren. Im Ofen auf Küchenpapier warm stellen.

8 Geldbeutel mit der Salsa cruda anrichten, mit Pfeffer übermahlen.

Gegrillte Thunfischmedaillons mit Pfirsich-Chili-Salsa

Mahlzeit

4 Thunfischmedaillons, je 120 g

2 EL Mirin (süßer japanischer Reiswein)

2 EL Quitten-Balsamico

1 Prise Cayennepfeffer

Pfirsich-Chili-Salsa

1 EL Sesamöl

4 reife gelbe Pfirsiche

1 EL Ingwerwürfelchen (Brunoise)

1 rote Chilischote, entkernt, in Ringen

4 EL weißer Balsamico

frisch gemahlener

schwarzer Pfeffer

Fleur de Sel

Koriander für die Garnitur

1 Pfirsiche schälen, Fruchtfleisch in Spalten vom Stein schneiden und würfeln.

2 Sesamöl in der Saucenpfanne erhitzen, Pfirsiche, Ingwer und Chili andünsten, mit weißem Balsamico ablöschen, erhitzen, mit Pfeffer und Fleur de Sel würzen. In ein Sieb abgießen, den Fond auffangen. Fond wieder in die Pfanne geben und bei mittlerer Hitze sirupartig einkochen. Pfirsichwürfelchen vor dem Servieren im Sirup wenden.

3 Mrin und Quitten-Balsamico erwärmen, mit Cayennepfeffer abschmecken.

4 Thunfischmedaillons in einer sehr heißen Grillpfanne auf beiden Seiten kurz braten.

5 Lauwarmen Pfirsichsalat auf die Teller verteilen, Fischmedaillons darauf anrichten. Mit Mirin-Balsamico-Sauce eine Zeichnung auf den Tellern machen. Mit Koriander garnieren.

Torrejas auf Ananas-Minze-Salsa

Dessert

Torrejas (Goldschnitten)

250 g Toastbrot, in 1 cm dicken

Scheiben

2 Freilandeier

1 dl/100 ml Milch

175 g Butter

210 g Akazienblütenhonig

4 EL Apfelsaft

Ananas-Minze-Salsa

1 Baby-Ananas

100 g Zucker

1 dl/100 ml Wasser

frisch gemahlener schwarzer Pfeffer

2 Limetten, Saft

1 Zweiglein Ananas-Minze oder

andere fruchtige Minze,

Blättchen abgezupft und grob gehackt

1 Backofen auf 180 °C vorheizen.

2 Toastbrotscheiben auf ein Backblech legen. Eier und Milch verquirlen, Brotscheiben damit beträufeln. Einen Teil der Butter in einer Bratpfanne warm werden lassen, Brotscheiben in der Butter portionsweise beidseitig braten. Brotscheiben in 4 Dreiecke schneiden ziegelartig in eine ofenfeste Form füllen. Honig und Apfelsaft verrühren, auf die Brotdreiecke verteilen. Torrejas in der Mitte in den Ofen schieben, bei 180 °C 40 Minuten backen.

3 Ananas schälen und würfeln: Seite 234. Zucker, Wasser und Pfeffer aufkochen und über die Ananaswürfelchen gießen. Etwa 10 Minuten ziehen lassen. Die Hälfte der Ananaswürfelchen mit dem Limettensaft pürieren. Restliche Ananas in ein Sieb gießen, mit Ananaspüree und Minze mischen, mit Pfeffer abschmecken.

4 Torrejas auf der Ananas-Minze-Salsa anrichten.

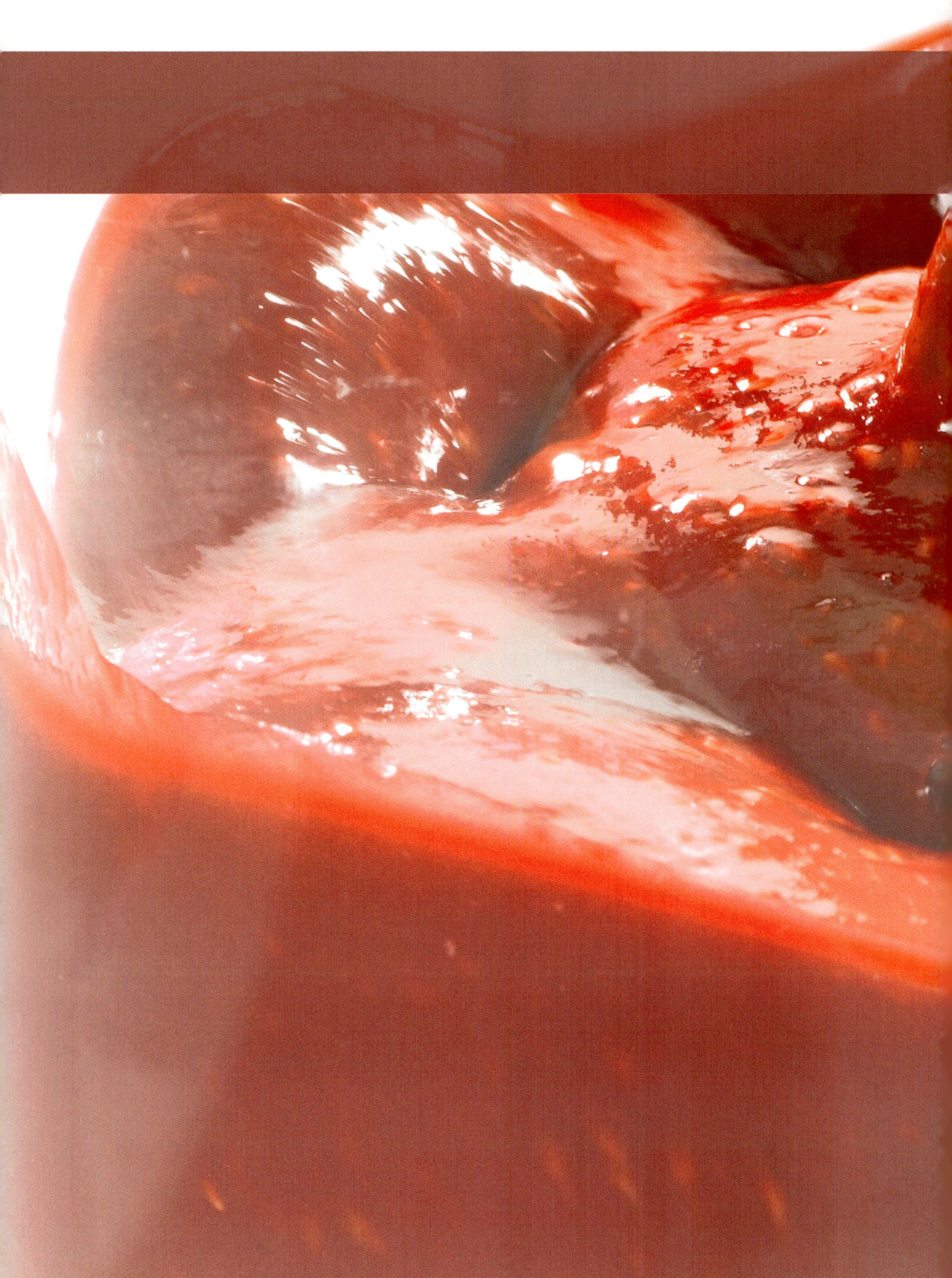

Dessertsaucen

Die Dessertsaucen

Fruchtig, cremig und bunt kommen die Dessertsaucen daher. Dessertgewürze wie Vanille und Zimt kitzeln den Gaumen ein letztes Mal. Das Zusammenspiel von Süße und Säure ist ein optimaler Schlusspunkt.

Rohe Beerensauce – Himbeere **231**

Rohe Fruchtsauce – Ananas **234**

Gekochte Fruchtsauce – Aprikose **235**

Passionsfrucht-Orangen-Sauce **236**

Vanillesauce **237**

Rotwein-Gewürz-Sauce **238**

Schokoladensauce **239**

Rezepte

Schokomint-Türmchen mit Orangensalat **240**

Aprikosen mit Apfelminze-Sauce **242**

Orangenterrine mit zweierlei Anis auf Vanillesauce **244**

Ravioli mit Dörraprikosen und Kardamom-Schoko-Sauce **246**

Rohe Beerensauce – Himbeere

100 g Himbeeren

20 g Puderzucker

2 EL Zitronensaft

2 EL weißer Pfirsichlikör

1 Alle Zutaten pürieren.
2 Himbeersauce durch ein feines Sieb streichen.

Varianten

Erdbeeren, Brombeeren, Heidelbeeren.

Verwendung

Zu Panna Cotta, Reisköpfchen, Parfait, Eiscreme, süßen Aufläufen.

Ausgedrückte Himbeerkerne

Sie eignen sich zum Herstellen von Himbeeressig. Die Kerne mit 2 dl/200 ml Weißweinessig mischen, in eine Flasche mit Schraubverschluss füllen. An einem kühlen Ort 7 Tage reifen lassen. Durch ein Baumwolltuch oder einen Kaffeefilter passieren. Wieder in die Flasche mit Schraubverschluss füllen. Kühl lagern.

1

1

2

Rohe Fruchtsauce – Ananas

1 Baby-Ananas

4 EL Kokosnusscreme

1 Vanilleschote, aufgeschnitten

1 Limette, abgeriebene Schale und Saft

2 EL Akazienblütenhonig

1 Ananas oben und unten kappen, Frucht halbieren und schälen, die «Augen» ausstechen, harten Mittelteil entfernen, Ananashälften würfeln.
2 Ananas, Kokosnussmilch, abgestreiftes Vanillemark, Limettenschale und Limettensaft pürieren.

Variante
Kiwi, Mango.

Verwendung
Zu Eiscreme, Soufflee, Auflauf, Milchreis, Fotzelschnitten/Arme Ritter.

Gekochte Fruchtsauce – Aprikose

200 g Aprikosen

50 g Zucker

1 dl/100 ml Süßwein

oder weißer Traubensaft

1 Vanilleschote, aufgeschnitten

1 Aprikosen halbieren und entsteinen, Stielansatz entfernen, Fruchthälften zerkleinern.

2 Zucker, Süßwein und halbierte Vanilleschote in der Saucenpfanne aufkochen.

3 Aprikose zum Fond geben, bei schwacher Hitze zugedeckt weich garen. Vanilleschote entfernen.

4 Fruchtkompott in ein Glas oder in eine Schüssel füllen, pürieren.

Variante

Pfirsiche, Nektarinen, Zwetschgen, Pflaumen, Äpfel, Quitten, schwarze und rote Johannisbeeren.

Verwendung

Zu Eiscreme, Soufflee, Auflauf, Milchreis, Fotzelschnitten/Arme Ritter.

Passionsfrucht-Orangen-Sauce

2–3 unbehandelte Orangen,
Schalenstreifchen und 2 dl/200 ml Saft

1 TL Koriandersamen, zerdrückt

2 Passionsfrüchte

1 EL Akazienblütenhonig

1 TL Maisstärke

1 EL Grand Marnier

1 Orangensaft und Koriander In einer
Saucenpfanne aufkochen, bei schwacher
Hitze 10 Minuten kochen. Passionsfrüchte halbieren, Mark (Pulpe) auslöffeln,
mit den Orangenstreifchen zur Sauce
geben, 10 Minuten köcheln lassen. Durch
ein Sieb passieren.

2 Sauce in die Pfanne zurückgeben. Honig
und die mit Grand Marnier angerührte
Maisstärke zugeben, unter Rühren erhitzen,
1 Minute köcheln lassen. Sauce warm
oder kalt servieren.

Verwendung
Für Flans, Coupes und Drinks.

Vanillesauce

2 Eigelbe von Freilandeiern

3 EL Zucker

1 unbehandelte Zitrone,

1 TL abgeriebene Schale

1 dl/100 ml Milch

1 dl/100 ml Rahm/Sahne

1 Vanilleschote, aufgeschnitten

½ TL Maisstärke

1 Eigelbe, Zucker, abgeriebene Zitronenschale, 2 EL Milch und Maisstärke in einer
   Schüssel luftig aufschlagen.
2 Milch, Rahm, abgestreiftes Vanillemark
   und Schotenhälften in einer Saucenpfanne
   aufkochen.
3 Vanillegemisch unter die Eigelbmasse
   rühren.
4 Vanillesauce in die Pfanne gießen und unter
   Rühren bei schwacher Hitze unter dem
   Kochpunkt zur Rose kochen. Sobald die Sauce
   anzieht, d. h. bindet, durch ein feines
   Sieb in eine Schüssel passieren. Warm oder
   kalt servieren.

Verwendung

Zu Strudel, Fruchtkompott, Beeren (rote
Grütze).

Rotwein-Gewürz-Sauce

50 g Zucker

1 unbehandelte Orange,
wenig Schale und Saft

1 unbehandelte Zitrone, wenig Schale

1 dl/100 ml Apfelsaft

1 dl/100 ml Rotwein

½ Apfel, geschält, geviertelt, entkernt,
in Spalten

½ Zimtstange

1 Sternanis

2 Gewürznelken

1 TL Maisstärke

1 EL Portwein

1 Den Zucker in einer Saucenpfanne hellbraun
karamellisieren, mit Orangen- und Apfelsaft ablöschen, bei mittlerer Hitze auf 2 EL
einkochen. Rotwein, Zitrusfruchtschalen,
Apfelspalten, Zimt, Sternanis sowie Gewürznelken zugeben, aufkochen, bei kleinster
Hitze zugedeckt 20 Minuten garziehen lassen.
Maisstärke mit Portwein anrühren, unter
die Sauce rühren, nochmals aufkochen.
2 Rotwein-Gewürz-Sauce durch ein feines Sieb
passieren.

Verwendung

Zu Brotpudding, Soufflees, geschmorten
und gefüllten Früchten.

Tipp

Die Sauce eignet sich auch als Basis für
Zwetschgenkompott.

Schokoladensauce

½ unbehandelte Orange,

Schalenstreifchen

(mit dem Ziseliermesser abziehen)

und Saft

140 g Zartbitter-Schokolade,

zerkleinert

1 dl/100 ml Milch

1 EL rosa Pfefferkörner

1 Orangensaft und Orangenschalen in einer
Saucenpfanne auf 1 bis 2 EL einkochen
lassen.

2 Zerkleinerte Schokolade in eine Schüssel
geben. Milch und rosa Pfeffer aufkochen,
mit der Orangenreduktion über die
Schokolade gießen. 1 Minute stehen lassen.
Schokoladenmasse mit einem Holzlöffel
glattrühren.

Verwendung

Zu Eiscreme, Soufflees, Omeletts/Pfann-
kuchen.

Schokomint-Türmchen mit Orangensalat

12 Schokoblättchen mit Minzfüllung

Minzcreme

1 dl/100 ml Rahm/Sahne

1 EL Minzlikör

1 TL Zucker

1 Bund Englische Minze

Orangensalat

1 große, süße Navel-Orange

1 dl/100 ml frisch gepresster Orangensaft

1 dl/100 ml Dessertwein

2 EL Orangenblütenwasser

1 EL Akazienblütenhonig

½ TL Maisstärke

1 EL Grand Marnier

Minzsirup

500 g Zucker

2½ dl/250 ml Wasser

Minzlikör

1 Rezeptmenge Minzsirup

1 dl/100 ml dunkler Rum

1 Orange mit einem Messer großzügig schälen, auch die weiße Haut entfernen. Von der Mitte der Orange vier Scheiben schneiden. Restliches Fruchtfleisch entsaften.

2 Orangensaft und Dessertwein in einer Saucenpfanne auf die Hälfte einkochen. Orangenblütenwasser und Honig verrühren, zur Orangensaftreduktion geben. Maisstärke und Grand Marnier verrühren, unter die Reduktion rühren, 1 Minute köcheln. Sauce auskühlen lassen. Orangenscheiben in der ausgekühlten Orangensauce 1 Stunde marinieren.

3 Für die Minzcreme Rahm, Minzlikör und Zucker steifschlagen.

4 Minzespitzen für die Garnitur zur Seite legen, restliche Blätter von den Stielen zupfen und in feine Streifen schneiden.

5 Mit der Orangensauce auf die Teller einen Spiegel gießen, je eine Orangenscheibe darauflegen. Abwechselnd Schokoblättchen und Minzcreme auf die Orangenscheibe türmen, mit Minzcremehäubchen abschließen. Mit Minzespitzen und Minzestreifchen garnieren.

Tipp

Es lohnt sich, eine Navel-Orange zu kaufen; sie ist groß, fruchtig und hat keine Kerne.

Minzsirup/Minzlikör

Für den Sirup Minzeblättchen von den Stielen zupfen und hacken, mit dem Zucker mischen. Das Wasser aufkochen, über den Minze-Zucker gießen, umrühren. Sirup mindestens 24 Stunden zugedeckt ziehen lassen. Minzsirup durch ein feines Sieb gießen, nochmals erhitzen, in eine Flasche mit Schraubverschluss füllen.
Für den Likör dunklen Rum mit dem Minzsirup erhitzen, 4 Tage ziehen lassen. Minzlikör in eine Flasche füllen.

Aprikosen mit Apfelminz-Sauce

Apfelminze-Sauce

1 Eigelb von einem Freilandei

EL Zucker

10 g Maisstärke

1½ dl/150 ml Apfelsaft

1 Zweiglein Apfel-Minze oder andere

fruchtige Minzesorte

2 EL Minzlikör, Seite 240

½ Limette, Saft

Aprikosenfond

½ rechteckig ausgerollter Butter-

Blätterteig

1 Eigelb zum Bestreichen

Pochierte Aprikosen

4 große reife Aprikosen

½ dl/50 ml Süßwein

Apfel-Minze oder andere fruchtige

Minzesorte für die Garnitur

10 geröstete Haselnüsse, grob gehackt

Puderzucker zum Bestäuben

1 Aprikosen halbieren, entsteinen, Stielansatz entfernen, Aprikosenhälften nochmals halbieren. Süßwein in einer weiten Pfanne aufkochen, Aprikosen hineinlegen, auf der ausgeschalteten Wärmequelle zugedeckt pochieren. Aus dem Fond nehmen und auf Küchenpapier abtropfen lassen. Fond beiseite stellen.

2 Für die Apfelminze-Sauce Eigelb und Zucker luftig aufschlagen. Maisstärke mit 2 EL Apfelsaft verrühren. Apfelsaft mit Minzezweiglein aufkochen und unter das Eigelb rühren, zurück in die Pfanne geben, Maisstärke unterrühren, Creme bei schwacher Hitze köcheln, bis sie bindet, Minzlikör und Limettensaft unterrühren. Sauce Durch ein feines Sieb streichen, zugedeckt kühl stellen.

3 Teller kühl stellen.

4 Backofen auf 200 °C vorheizen.

5 Aus dem Blätterteig etwa 5 cm breite Streifen schneiden, diese in Vierecke oder Rauten schneiden, auf ein Backblech legen, mit Eigelb bepinseln. Blech auf der zweituntersten Schiene in den Ofen schieben, Blätterteiggebäck bei 200 °C 10 Minuten backen.

6 Gekühlte Apfelminze-Sauce und Aprikosenfond glattrühren und auf die gekühlten Teller verteilen. Aprikosen auf die Sauce legen, mit den Minzeblättchen und den Haselnüssen garnieren. Puderzucker darüberstäuben.

Orangenterrine mit zweierlei Anis auf Vanillesauce

für eine Form von ½ l Inhalt

Glasierte Orangenschalen

2 unbehandelte dickschalige Orangen

100 g Zucker, 1 dl/100 ml Wasser

Terrine

4 Blutorangen

200 g Zucker

1 EL Koriandersamen, zerstoßen

2 dl/200 ml Wasser

2 EL Anissamen, zerstoßen

2 Sternanis, zerstoßen

2 dl/200 ml Orangensaft

1 cl Grand Marnier

2 g Agar-Agar-Pulver
(Bioladen/Reformhaus)

Vanillesauce

1 Vanilleschote, aufgeschnitten

½ unbehandelte Zitrone,
abgeriebene Schale

1½ dl/150 ml Rahm/Sahne

1 Freilandei

1 Eigelb von einem Freilandei

50 g Akazienblütenhonig

2 EL Schlagrahm/-sahne

1 EL Kirschwasser

Mandelrauten

100 g Butterblätterteig

50 g Mandelpüree (Reformhaus)

1 Eiweiß von einem Freilandei

2 EL Kirschwasser

3 EL Mandelblättchen

Puderzucker

1 Terrinenform kühl stellen.

2 Für die glasierten Orangenschalen Früchte heiß abspülen, Schale mit dem Ziseliermesser abziehen, in Wasser 5 Minuten kochen, abgießen. Zucker und Wasser aufkochen, Orangenschalen zugeben, 10 Minuten bei schwacher Hitze glasieren. Aus dem Zuckersirup nehmen, auf ein mit Backpapier belegtes Blech verteilen. Im Ofen bei 80 °C 1 Stunde trocknen. Schalen in gut schließendem Vorratsglas aufbewahren.

3 Für die Terrine Orangen großzügig schälen, Fruchtfilets aus den Trennhäutchen schneiden, Saft auffangen. Zucker, aufgefangenen Orangensaft, Koriander und Wasser aufkochen, sirupartig einkochen. Orangen 10 Minuten im heißen Sirup einlegen. Ein Blech mit Backpapier belegen, Orangen aus dem Sirup nehmen, nebeneinander auf das Blech legen. Im Ofen bei 50 °C 3 Stunden trocknen. 1 dl/100 ml Zuckersirup abmessen.

4 Anis, Sternanis, Orangensaft und beiseite gestellten Zuckersirup auf 2 dl/200 ml einkochen. Gewürzsud durch ein Sieb passieren. Grand Marnier und Agar-Agar glattrühren, zum Sud geben, unter Rühren 1 Minute kochen. Orangenfilets in die Form, legen, mit dem Sud übergießen, abkühlen lassen, 2 Stunden kühl stellen.

5 Backofen auf 190 °C vorheizen.

6 Blätterteig 3 mm dick ausrollen, mit Gabel mehrmals einstechen. Mandelmasse mit Eiweiß und Kirschwasser verrühren, auf dem Teig verstreichen, mit Mandelblättchen bestreuen, gut andrücken. Im vorgeheizten Ofen bei 190 °C 15 Minuten backen. Heiß in 5 cm große Rauten oder beliebige Vierecke schneiden. Mit Puderzucker bestäuben.

7 Für die Vanillesauce Vanillemark abstreifen, mit Zitronenschale zum Rahm geben, aufkochen, beiseite stellen. Ei, Eigelb und Honig luftig aufschlagen, Rahm durch ein feines Sieb passieren, langsam unter die Eiermasse rühren. Sauce über dem schwach kochenden Wasserbad aufschlagen, bis sie bindet. Schüssel vom Kochtopf nehmen, Sauce kalt rühren, Schlagrahm und Kirschwasser unterrühren.

8 Orangenterrine in 8 Scheiben schneiden, mit Vanillesauce und den glasierten Orangenschalenstreifchen garnieren.

Ravioliteig

80 g Weißmehl/Mehl Type 405

40 g Knöpfli-/Spätzlimehl

1 Freilandei

1 EL Olivenöl extra nativ

1 Msp Meersalz

1 Freilandei zum Bepinseln

Füllung

50 g getrocknete Aprikosen,
klein geschnitten

1 EL Pinienkerne, geröstet und gehackt

1 EL Pistazien, gehackt

½ EL Limoncello

1 EL Aprikosenkonfitüre

Schokoladensauce

1½ dl/150 ml Milch

8 Kardamomkapseln, zerstoßen

250 g Zartbitter-Schokolade
mit Orangen, fein gehackt

Brösel

2 EL Butter

½ EL Pinienkerne, gehackt

½ EL Briochebrösel oder helle
Semmelbrösel

1 EL Zucker

½ TL Zimtpulver

Minze für die Garnitur

1 Für den Teig Mehle mischen, eine Vertiefung drücken. Ei, Öl und Salz in die Vertiefung geben, alles zu einem geschmeidigen Teig kneten. Teig in Klarsichtfolie einwickeln, 1 Stunde kühl stellen.

2 Für die Füllung alle Zutaten mischen, 1 Stunde kühl stellen.

3 Teig auf leicht bemehlter Arbeitsfläche zu einem Quadrat von 32 cm Seitenlänge ausrollen. Eine Hälfte mit dem verquirlten Ei bestreichen, auf der anderen Hälfte mit einem runden Ausstecher von 8 cm Durchmesser 8 Kreise markieren, aber nicht ausstechen. Die Füllung in die Mitte dieser Kreise verteilen, die andere Teighälfte darüberklappen. Den Teig rund um die Füllung gut andrücken. Ravioli ausstechen. Ein Backblech mit Mehl bestäuben, Ravioli darauflegen. Unmittelbar vor dem Servieren reichlich Salzwasser aufkochen, Ravioli zufügen, bei mittlerer Hitze etwa 3 Minuten ziehen lassen.

4 Für die Brösel die Butter zerlassen, Pinienkerne, Brösel, Zucker und Zimt darin rösten, beiseite stellen.

5 Für die Schokoladensauce die Milch mit dem Kardamom aufkochen, 5 Minuten zugedeckt ziehen lassen, abermals aufkochen, durch ein Sieb über die gehackte Schokolade gießen, rühren, bis sich die Schokolade aufgelöst hat. Die noch warme Schokolade (39 °C) in einen Spritzbeutel mit glatter Tülle füllen und dekorativ auf Teller spritzen. Die Ravioli mit dem Schaumlöffel aus dem Wasser nehmen, abtropfen lassen, auf die Teller legen, mit den Bröseln bestreuen. Mit Minzeblättchen garnieren.

Tipp

Die Ravioli schmecken auch hervorragend mit einer Füllung aus getrockneten Mangos. Das Ganze mit wenig Cayennepfeffer würzen, das gibt ein besonders raffiniertes Aroma.

Welche Sauce passt wozu?

A

Apfel, roh (Salat): Apfelsaft-Baumnussöl/Walnussöl-Dressing (Seite 186)

Apfelrösti: Apfel-Beurre-blanc (Seite 134)

Apfel, pikant: Apfel-Beurre-blanc (Seite 132)

Aprikose, pochiert: Apfelminze-Sauce (Seite 242)

Artischocke: Ravigot (Seite 168), Tomaten-Kichererbsen-Sauce (Seite 218)

Auflauf, süß: Rohe Himbeersauce (Seite 232), rohe Ananassauce (Seite 234), gekochte Aprikosensauce (Seite 235)

B

Beeren, gekocht: Vanillesauce (Seite 237)

Brot, Fotzelschnitte/Armer Ritter: Ananas-Minze-Salsa (226), rohe Ananassauce (Seite 234), gekochte Aprikosensauce (Seite 235)

Brot, Pudding, süß: Rotwein-Gewürz-Sauce (Seite 238)

C

Couscous: Orientalischer Gemüsefond (Seite 56)

Crostini: Tomatenpesto (Seite 148), Tapenade (Seite 151), Guacamole (Seite 208)

Curry: Aprikosenchutney (Seite 196), Mangochutney (Seite 198)

D

Demiglace: Tomatenpesto (Seite 148), Schalottenchutney (Seite 199), Beurre «Maître d'hôtel» (Seite 143)

Drink: Passionsfrucht-Orangen-Sauce (Seite 236)

E

Eiscreme: Rohe Himbeersauce (Seite 232), rohe Ananassauce (Seite 234), gekochte Aprikosensauce (Seite 235), Passionsfrucht-Orangen-Sauce (Seite 236), Schokoladensauce (Seite 239), Schokoladensauce (Seite 246)

Entenbrust, gebraten: Orangensauce (Seite 88), Orangen-Balsam-Jus (Seite 96)

F

Fasan, poeliert: Wildgeflügelfond (Seite 51), Ingwerjus (Seite 100)

Fisch, Bouillabaisse: Sauce «Rouille» (Seite 161)

Fisch, frittiert: Remoulade (Seite 160)

Fisch, gedünstet: Hummerfond (Seite 54), Fisch-Weißweinsauce (Seite 62), Schnittlauchsauce (Seite 64), Safransauce mit Gemüsestreifen (Seite 65), Randen-/Rote-Bete-Sauce (Seite 118), Pfeffer-Apfel-Vinaigrette (Seite 182)

Fisch, gebraten: Senfsauce (Seite 80), Concassée de tomates (Seite 108); Karottensauce (Seite 116), Sauce Hollandaise (Seite 124), Mayonnaise mit Gemüse (Seite 158)

Fisch, gegrillt: Tomatencoulis provençale (Seite 110), Sauce «Orient» (Seite 127), Butter «Danieli» (Seite 142), Tapenade (Seite 151), Artischocken-Confit (Seite 152), Mayonnaise mit Gemüse (Seite 158), Sauce «Rouille» (Seite 161), Aïoli (Seite 162), Pfirsich-Chili-Salsa (Seite 224), Salsa cruda (Seite 210)

Fisch, Marinade: Bunte Gemüsevinaigrette (Seite 166)

Fisch, pochiert: Fischfumet (Seite 38), Hummerfond (Seite 54), Fisch-Weißweinsauce (Seite 62), Schnittlauchsauce (Seite 64), Safransauce mit Gemüsestreifen (Seite 65), Minzsauce (Seite 76), Curry-Apfel-Sauce (Seite 78), Sauce Hollandaise (Seite 124), Beurre blanc (Seite 128), Beurre rouge (Seite 128), Currysauce (Seite 216)

Flan, süß: Passionsfrucht-Orangen-Sauce (Seite 236)

Fondue, Fisch-: Tapenade (Seite 151), Mayonnaise «Asia» (Seite 159), Guacamole (Seite 208), Salsa cruda (Seite 210), Tzatziki (211), Grüne Masala (Seite 212)

Fondue, Fleisch-: Mayonnaise «Asia» (Seite 159), Mangochutney (Seite 198)

Frittiertes: Mayonnaise (Seite 156), Mayonnaise mit Gemüse (Seite 158), Salsa Cruda (Seite 210)

Früchte, pochiert (Kompott): Vanillesauce (Seite 237), Rotwein-Gewürz-Sauce (Seite 238), Apfelminze-Sauce (Seite 242), Vanillesauce (Seite 244)

G

Gans, gebraten: Orangensauce (Seite 88)

Geflügel, in Brühe gekocht: Geflügel-Weißweinsauce (Seite 66)

Geflügel, gebraten (à la minute): Weißwein-sauce im asiatischen Kleid (Seite 68), Champignon-Tomaten-Sauce (Seite 90), Apfel-Sellerie-Sauce «Madras» (Seite 114), Beurre «Maître d'hôtel» (Seite 143), Feigenchutney (Seite 202)

Geflügel, gegrillt: Tomatencoulis provençale (Seite 110), Beurre «Maître d'hôtel» (Seite 143),

Geflügel, pochiert: Geflügelfond (Seite 40), Die englische Weiße «Sir Stanley» (Seite 70), Kaffee-Koriander-Sauce (Seite 94), Feigenchutney (Seite 202), Currysauce (Seite 216)

Geflügel, Salat: Mayonnaise «Asia» (Seite 159)

Gemüse, gedämpft/gedünstet, in Salzwasser gekocht: Béchamelsauce (Seite 72), Lauch-Champignon-Sauce (Seite 75), Tomatencoulis (Seite 109), Karottensauce (Seite 116), Randen-/Rote-Bete-Sauce (Seite 118), Fonduta (Seite 215), Currysauce (Seite 216)

Gemüse, überbacken: Mornaysauce (Seite 74)

Gemüse, Burger: Lauch-Champignon-Sauce (Seite 75), Karottensauce (Seite 116), Karotten-Apfel-Sauce (Seite 120)

Gemüsedip: Mayonnaise (Seite 156), Mayonnaise mit Gemüse (Seite 158), Guacamole (Seite 208)

Gemüse, Marinade: Bunte Gemüsevinaigrette (Seite 166)

Gemüse, Ragout: Orientalischer Gemüsefond (Seite 56), Karottensauce (Seite 116)

Gemüse, roh (Salat): Apfelsaft-Baumnussöl/Walnussöl-Dressing (Seite 186)

Getreide: Apfel-Sellerie-Sauce «Madras» (Seite 114), Karottensauce (Seite 116), Karotten-Apfel-Sauce (Seite 120)

Getreide, Hackbraten: Chilisauce (Seite 220)

Getreide, Salat: Senfsauce (Seite 80), bunte Gemüsevinaigrette (Seite 166)

Gurke, Salat: Jogurtdressing (Seite 172)

K

Kalbfleisch, in Brühe gekocht: Kalbs-Weiß-weinsauce (Seite 66)

Kalbfleisch, gebraten: Weißweinsauce im asiatsichen Kleid (Seite 68), Champignon-Tomaten-Sauce (Seite 90), Beurre «Maître d'hôtel» (Seite 143)

Kalbfleisch, gegrillt: Peperoni-/Paprikasauce (Seite 117), Sauce «Orient» (Seite 127), Beurre «Maître d'hôtel» (Seite 143)

Kalbfleisch, Ragout (Blanquette de veau): Heller Kalbsfond (Seite 39), Apfelfond (Seite 43), Dunkler Kalbsfond (46)

Kalbsmilken/-bries: Balsamicosauce mit Dörrtomaten (Seite 86), Klassische Tomatensauce (Seite 106)

Kaninchenfleisch, gebraten (à la minute): Balsamicosauce mit Dörrtomaten (Seite 86)

Kartoffeln, Schalen- und im Dampf/Salzwasser gegart: Basilikumpesto (Seite 150). Tapenade (Seite 151), Salsa verde (Seite 170), Apfelbalsamico-Vinaigrette (Seite 178)

Kartoffeln, Salat: Ravigot (Seite 168), Apfel-balsamico-Vinaigrette (Seite 178), Guacamole (Seite 208)

Käse, Ziegenfrisch-: Tapenade (Seite 151), Feigenchutney (Seite 200)

Krustentiere: Hummerfond (Seite 54), Tomaten-coulis provençale (Seite 110), Tomatencoulis «Asia» (Seite 111), Peperoni-/Paprikasauce (Seite 117), Beurre blanc mit Minze (Seite 130), Butter «Danieli» (Seite 142), Artischocken-Confit (Seite 152)

L

Lamm, gebraten: Dunkler Lammfond (Seite 52), Orangensauce (Seite 88)

Lammfleisch, gegrillt: Peperoni-/Paprikasauce (Seite 117), Sauce «Orient» (Seite 127), Kräuter-butter «Orient» (Seite 144)

Lamm, Ragout: Dunkler Lammfond (Seite 52)

Lammkarree: Balsamicosauce mit Dörrtomaten (Seite 86), Bohnen-Tomaten-Jus (Seite 102)

M

Mayonnaise: Tomatenpesto (Seite 148)
Meeresfrüchte: Hummerfond (Seite 54),
Safransauce mit Gemüsestreifen (Seite 65),
Klassische Tomaten-sauce (Seite 106), Tomaten-
coulis provençale (Seite 110), Tomatencoulis
«Asia» (Seite 111), Beurre rouge (Seite 128),
Beurre blanc mit Minze (Seite 130),
Butter «Danieli» (Seite 142), Aïoli (Seite 162)
Moorhuhn: Wildgeflügelfond (Seite 51)

O

Omelett/Pfannkuchen, pikant: Basilikumpesto
(Seite 150), Himbeervinaigrette (Seite 190),
Ananas-Minze-Salsa (Seite 226)
Omelett/Pfannkuchen, süß: Schokoladensauce
(Seite 239), Schokoladensauce (Seite 246)
Orange, Salat: Gewürztraminer-/Apfelsaftsauce
(Seite 188), Minzcreme (Seite 240)
Orange, Terrine: Vanillesauce (Seite 244)

P

Panna Cotta: Rohe Himbeersauce (Seite 232)
Pasta: Orientalischer Gemüsefond (Seite 56),
Klassische Tomatensauce (Seite 106), Tomatencoulis
(Seite 109), Peperoni-/Paprikasauce (Seite 117),
Tomatenpesto (Seite 148), Basilikumpesto
(Seite 150), Fonduta (Seite 215), Currysauce
(Seite 216)
Parfait: rohe Himbeersauce (Seite 232)
Peperoni/Paprikaschote: Pinienkern-Vinaigrette
(Seite 184)
Perlhuhn, poeliert: Ingwerjus (Seite 100)
Pilze: Karotten-Apfel-Sauce (Seite 120)
Pilze, Trüffel: Fonduta (Seite 215)
Pizza: Tomatencoulis (Seite 109)

R

Ravioli, süß: Schokoladensauce (Seite 246)
Rebhuhn: Wildgeflügelfond (Seite 51),
Wildrahmsauce (Seite 89)
Rehfleisch, gebraten (Schnitzel, Streifen):
Wildrahmsauce (Seite 89), Wildsauce (Seite 92)
Rehfleisch, geschmort: Wildsauce (Seite 92),
Holundersauce (Seite 98)
Reis, pikant: Tomatencoulis «Asia» (Seite 111),
Peperoni-/Paprikasauce (Seite 117), Karotten-Apfel-
Sauce (Seite 120), Currysauce (Seite 216)
Reis, süß: Rohe Himbeersauce (Seite 232), rohe
Ananassauce (Seite 234), gekochte Aprikosensauce
(Seite 235)
Rindfleisch, in Brühe gegart (Siedfleisch):
Die englische Weiße «Sir Stanley» (Seite 70),
Basilikumpesto (Seite 150), Mayonnaise (Seite 156),
Ravigot (Seite 168), Salsa verde (Seite 170),
Schalottenchutney (Seite 199), Apfel-Kren
(Meerrettich)-Sauce (Seite 214)
Rindfleisch, gebraten: Rotweinsauce
«Marchand de Vin», Seite 87, Concassée de tomates
(Seite 108), Sauce Hollandaise (Seite 124),
Café de Paris (Seite 140)
Rindfleisch, gegrillt: Rotweinsauce «Marchand
de Vin» (Seite 87), Peperoni-/Paprikasauce
(Seite 117), Sauce Hollandaise (Seite 124), Sauce
«Berni» (Seite 126), Café de Paris (Seite 140)
Rindfleisch, Ragout/-gulasch: Dunkler Kalbsfond
(Seite 46)
Rindfleisch, Roastbeef, kalt: Remoulade
(Seite 160)

S

Sauerkraut: Apfelfond (Seite 43)
Salat, Blatt-: Ravigot (Seite 168), Karotten-
Dressing (Seite 171), Jogurtdressing (Seite 172),
Hausdressing (Seite 173), Haselnusssauce
(Seite 174), Gurkenmix (Seite 176), Apfelbalsamico-
Vinaigrette (Seite 178), Jogurt-Kürbiskernöl-Sauce
(Seite 180), Pinienkern-Vinaigrette (Seite 184)
**Salat, Trevisano/Radicchio di Treviso,
Brüsseler Endivie/weißer Chicorée:**
Gewürztraminer-/Apfelsaftsauce (Seite 188)

Soufflee, süß: Rohe Ananassauce (Seite 234), gekochte Aprikosensauce (Seite 235), Rotwein-Gewürz-Sauce (Seite 238), Schokoladensauce (Seite 239), Schokoladensauce (Seite 246)
Spargel: Sauce Hollandaise (Seite 124), Mayonnaise (Seite 156), Guacamole (Seite 208)
Spinat, Salat: Jogurt-Kürbiskernöl-Sauce (Seite 180)

Sch
Schweineragout: Kalbsfond (Seite 39), Apfelfond (Seite 43)

St
Strudel, süß: Vanillesauce (Seite 237), Vanillesauce (Seite 244)

T
Tapas: Aïoli (Seite 162)
Taube: Wildgeflügelfond (Seite 51)
Terrine, Fleisch-: Aprikosenchutney (Seite 196)
Tofu: Tomatencoulis «Asia» (Seite 111)
Tofu, Hackbraten: Chilisauce (Seite 220)
Tomate, Salat: Mediterrane Vinaigrette (Seite 169)

W
Wildfleisch, gebraten: Wildsauce (Seite 92), Feigenchutney (Seite 200)
Wildfleisch, geschmort: Dunkler Wildfond (Seite 48), Wildsauce (Seite 92), Holundersauce (Seite 98)
Wildpfeffer: Dunkler Wildfond (Seite 48)
Wildterrine: Aprikosenchutney (Seite 196)
Wildsauce: Feigenchutney (Seite 200)

Z
Zucchino, gebraten: Mediterrane Vinaigrette (Seite 169)

A

Aïoli 162
Artischocken-Confit 152

B

Béchamelsauce 72
Bouquet garni 16
Bouquet garni, dunkler Fond 17
Bouquet garni, heller Fond 17
Butter, Beurre «Maître d'hôtel» 143
Butter, Café de Paris 140
Butter, Café de Paris, gratinieren 140
Butter, Café de Paris, kalorienarm 140
Butter, Danieli 142
Butter, Kräuterbutter «Orient» 144

C

Chutney, Aprikosen- 196, 204
Chutney, Feigen- 200, 202
Chutney, Mango- 198
Chutney, Nektarinen- 196
Chutney, Pfirsich- 196
Chutney, Pflaumen- 196
Chutney, Schalotten- 199
Chutney, Zwetschgen- 196

D

Demiglace 84
Dressing, Apfelsaft-Baumnussöl/Walnussöl- 186
Dressing, Gewürztraminer- 188
Dressing, Haselnussöl- 174
Dressing, Haus- 173
Dressing, Jogurt- 172, 180
Dressing, Karotten- 171
Dressing, Rapsöl- 176

F

Fines herbes 18
Fischfumet 38
Fond, Apfel-, hell 43
Fond, Fisch-, hell 36
Fond, Geflügel, dunkel 50
Fond, Geflügel-, hell 40
Fond, Gemüse-, dunkel 56
Fond, Gemüse-, hell 42
Fond, Hummer-, dunkel 54
Fond, Kalbs-, dunkel 46
Fond, Kalbs-, hell 39
Fond, Kaninchen-, dunkel 50
Fond, Lamm-, dunkel 51
Fond, Wild-, dunkel 48
Fond, Wildgeflügel-, dunkel 51

G

Gemüsebündel 16
Gewürzsäckchen 18
Gewürzsäckchen «Asia» 20
Gewürzsäckchen für Fisch 21
Gewürzsäckchen für Geflügelfleisch 20
Gewürzsäckchen für Kalbfleisch 20
Gewürzsäckchen für Lammfleisch 21
Gewürzsäckchen für Wildfleisch 21
Glace de viande 53
Grandjus 52
Guacamole 207

M

Matignon 22
Matignon für Fisch 24
Matignon für Fond, dunkel 25
Matignon für Geflügel 24
Matignon für Kalbfleisch 24
Matignon für Krustentiere 25
Mayonnaise 156
Mayonnaise «Asia» 159
Mayonnaise, mit Gemüse 158
Mayonnaise, Remoulade 160
Mehlbutter 30

Mehlschwitze 30
Minzlikör 76, 240
Minzsirup 240
Mirepoix 26
Mirepoix für Kalbsfond, dunkel 27
Mirepoix für Schmorbraten, Rind 27
Mornaysauce 76

P

Pesto, Basilikum- 150
Pesto, Tomaten- 148

R

Remoulade 160

S

Sachet d'épices 18
Salsa verde 170
Sauce, Ananas-Minze- 226
Sauce, Aïoli 162
Sauce, Apfel- 235
Sauce, Apfel-Kren(Meerrettich)- 214
Sauce, Apfel-Sellerie-, «Madras» 114
Sauce, Avocado- 210
Sauce, Balsamico- 86
Sauce, Beurre blanc 128
Sauce, Beurre blanc, Apfel- 131, 132, 134
Sauce, Beurre blanc, mit Minze 130
Sauce, Beurre rouge 128
Sauce, Bohnen-Tomatenjus- 102

Sauce, Brombeer- 232
Sauce, Champignon-Tomaten-
  90
Sauce, Chili- 220
Sauce, Curry- 216
Sauce, Curry-Apfel- 78
Sauce, Erdbeer- 232
Sauce, Fonduta 215
Sauce, Gurken- 176, 211
Sauce, Heidelbeer- 232
Sauce, Himbeer- 232
Sauce, Hollandaise 123
Sauce, Hollandaise, «Berni»
  126
Sauce, Hollandaise, «Orient»
  127
Sauce, Ingwer- 100
Sauce, Johannisbeeren- 235
Sauce, Kaffee-Koriander- 94
Sauce, Karotten- 116
Sauce, Karotten-Apfel- 120
Sauce, Käse- 215
Sauce, Kiwi- 234
Sauce, Mango- 234
Sauce, Masala, grün 212
Sauce, Minz- 76, 240, 242
Sauce, Nektarinen- 235
Sauce, Orangen- 88
Sauce, Orangen-Balsam- 96
Sauce, Passionsfrucht-Orangen-
  236

Sauce, Peperoni-/Paprika- 117
Sauce, Pfirsich- 235
Sauce, Pfirsich-Chili- 224
Sauce, Pflaumen- 235
Sauce, Quitten- 235
Sauce, Rande-/Rote-Bete- 118
Sauce, Rotwein- 87
Sauce, Rotwein-Gewürz- 238
Sauce, Rotwein-Holunderbeer-
  98
Sauce «Rouille» 161
Sauce, Safran- 65
Sauce, Salsa cruda 210, 222
Sauce, Salsa verde 170
Sauce, Schnittlauch- 64
Sauce, Schokoladen- 239, 246
Sauce, Senf- 80
Sauce, Tzatziki- 211
Sauce, Tomaten-, klassische 106
Sauce, Tomaten- (Concassée de
  tomates) 108
Sauce, Tomatencoulis «Asia» 111
Sauce, Tomatencoulis 109
Sauce, Tomatencoulis provençale
  110
Sauce, Tomaten-Kichererbsen-
  218
Sauce, Vanille- 237, 244
Sauce, weiße, Béchamel- 72
Sauce, weiße, englische,
  «Sir Stanley» 70
Sauce, weiße, Lauch-
  Champignon- 75
Sauce, weiße, Mornay- 74
Sauce, Weißwein-, asiatisch 68
Sauce, Weißwein-, für Fisch 62
Sauce, Weißwein-, für Geflügel
  66
Sauce, Weißwein-, für Kalbfleisch
  66
Sauce, Wild- 92
Sauce, Wildrahm- 89
Sauce, Zwetschgen- 235
Saucenbinder 28
Saucenveredler 53

St
Stärke, Johannisbrotkernmehl
  30
Stärke, Kartoffel- 20
Stärke, Mais- 30
Stärke, Maniok- 30
Stärke, Pfeilwurzel- 32
Stärke, Reis- 30
Stärke, Tapioka- 31

T
Tapenade 151

V
Vinaigrette, Apfelbalsamico-
  178
Vinaigrette, Gemüse- 166
Vinaigrette, Himbeeressig- 190
Vinaigrette, mediterrane 169
Vinaigrette, Pfeffer-Apfel- 182
Vinaigrette, Pinienkernöl- 184
Vinaigrette, Ravigot 168